Cómo superar el duelo.
Hablar de la muerte nos acerca a la vida

PATXI IZAGUIRRE

*Cómo superar el duelo.
Hablar de la muerte
nos acerca a la vida*

ALMUZARA

© Patxi Izaguirre, 2021
© Editorial Almuzara, s.l., 2021

Primera edición: noviembre de 2021

Reservados todos los derechos. «No está permitida la reproducción total o parcial de este libro, ni su tratamiento informático, ni la transmisión de ninguna forma o por cualquier medio, ya sea mecánico, electrónico, por fotocopia, por registro u otros métodos, sin el permiso previo y por escrito de los titulares del *copyright*.»

Editorial Almuzara • Sociedad Actual
Director editorial: Antonio E. Cuesta López
Edición de Ángeles López
Diseño, maquetación: Joaquín Treviño

www.editorialalmuzara.com
pedidos@editorialalmuzara.com - info@editorialalmuzara.com
Síguenos en @AlmuzaraLibros

Imprime: Gráficas La Paz

ISBN: 978-84-18952-65-4
Depósito Legal: CO-914-2021
Hecho e impreso en España - *Made and printed in Spain*

«"Un hombre rico no es aquel que
más tiene, sino el que menos necesita"...
Esto es muy bonito, y uno aprende
después de un tiempo, uno aprende
la sutil diferencia entre sostener una
mano y encadenar un alma.
Y uno aprende que el amor no significa recostarse
y una compañía no significa seguridad.
Y uno empieza a aprender...
que los besos no son contratos y
los regalos no son promesas.
Y uno empieza a aceptar las derrotas
con la cabeza alta y los ojos abiertos.
Y uno aprende a construir todos sus caminos
en el hoy, porque el terreno del mañana es
demasiado inseguro para planes... y los futuros
tienen una manera de caerse en la mitad.
Y después de un tiempo uno aprende que si es
demasiado, hasta el calorcito del sol quema,
así que uno planta su propio jardín
y decora su propia alma, en lugar de
esperar a que alguien le traiga flores.
Y uno aprende que realmente puede aguantar, que
uno realmente es fuerte, que uno realmente vale.
Y uno aprende y aprende...
y con cada adiós uno aprende».

J. L. Borges

Índice

Introducción..13

El proceso de duelo 19
   Social..25
   Relato 1 26
   Educativo 28
   Relato 2 30
   Sanitario..32
   Relato 3 34
   En conclusión 36

Indicadores de alarma 37
   Estructura de personalidad.....................................37
   Relato 4 39
   Cobertura social de apoyo.......................................40
   Relato 5 41
   Aspectos concretos de la muerte............................42
   Relato 6 43
   En conclusión 44

Parámetros de cicatrización 47
   Intensidad del dolor...48
   Relato 7 48
   Duración del dolor...50
   Relato 8 51
   Frecuencia del dolor 52
   Relato 9 53
   En conclusión 54

Tipos de pérdida 55
    Crónica de una muerte anunciada 56
    Relato 10 58
    Una muerte sin avisar 61
    Relato 11 64
    Duelo perinatal 66
    Relato 12 68
    Desaparecidos 70
    Relato 13 73
    Enfermedades e irreversibilidad 74
    Relato 14 76
    El suicidio silenciado 78
    Relato 15 85
    Relato 16 89
    Tiempos de pandemia 91
    Relato 17 97

La infancia y adolescencia ante el morir 101
    Relato 18 108
    En conclusión 109

Es Navidad y hay sillas vacías 111
    Relato 19 117
    En conclusión 120

El sentimiento de culpa 121
    Relato 20 124
    En conclusión 125

La obsesión 127
    Relato 21 129
    En conclusión 131

El papel de la psicología en los duelos 133
    Relato 22 145
    En conclusión 147

Cuidar al cuidador y el autocuidado 149
    Relato 23 151
    En conclusión 153

Ante la tiranía de la felicidad perpetua,
la bondad como alternativa 155
    Relato 24 160
    En conclusión 161

Sabernos mortales nos humaniza 163
    Relato 25 168
    En conclusión 170

Muerte, duelo y esperanza 171
    Relato 26 175
    En conclusión 176

La comunicación en el duelo 177
    Relato 27 180
    En conclusión 181

Bioética 183
    Relato 28 184
    En conclusión 186

Epílogo 189
    Relato 29 189

Bibliografía 195

Introducción

Me ilusiona la propuesta de escribir un libro sobre el proceso de duelo. Es una oportunidad para estructurar y organizar las enseñanzas que he aprendido con tantos pacientes durante los últimos veinticinco años de psicoterapia en el pequeño «quirófano artesano» de la consulta. Tomo el reto con la intención de disfrutar con la escritura y hacer una propuesta humanista de atención en los duelos.

Nuestra memoria está sellada por procesos relacionales y la asociación de elementos en paralelo. Claro ejemplo de ello son las reglas mnemotécnicas que usamos para recordar conceptos a la hora de estudiar grandes materias. El cerebro funciona con base en el instinto de supervivencia y la economía del esfuerzo. Por tanto, los impactos traumáticos de las muertes quedan grabados en nuestra mente apoyándose en un punto que hace de anclaje del trauma. La dificultad de asimilar el volumen de tanta información emocional traumática obliga a nuestra mente a disociarse del impacto, dejando una clave de acceso que tenemos que descubrir con el paciente para poder desbloquear el proceso enquistado. La mente ha fracasado en la digestión de lo ocurrido e intenta negar la realidad irreversible.

El duelo es un proceso lo suficientemente intenso como para que lo valoremos al menos una vez con un profesional experto en el tema, tal y como lo hacemos cuando perdemos una pieza dental. Nuestra higiene bucal no es más importante que nuestra higiene mental. Por ello, me referiré a la deontología profesional que desarrollamos en la salud mental para mejorar la calidad en nuestras intervenciones. No es cuestión de acordarnos de ella únicamente cuando la perdemos. De forma preventiva, podemos ayudar a encaminar muchos procesos de duelo de forma sencilla y efectiva en muy pocas sesiones. Las personas sufrientes por muerte merecen ser atendidas con rigor profesional.

Mi objetivo a lo largo del libro es argumentar la importancia de la relación vincular, como elemento fundamental de apoyo para acceder al contenido traumático encriptado. La relación terapéutica nos ayudará a encontrar la contraseña necesaria para volver a sentir el dolor del trauma junto a la presencia vincular del apoyo experto. Volver a revivir el trauma con apoyo seguro nos facilitará la asimilación de sentimientos, escenas y significados complicados que nuestra mente no ha podido entender, ni asimilar. Volver a resignificar lo ocurrido de manera asimilable facilita la aceptación de la pérdida irreversible y la adaptación a nuestra realidad en la posvención.

Desarrollaré mi visión sobre el proceso de duelo para entender el camino de asimilación por el que transita nuestro cerebro. He realizado un breve recorrido por la atención que damos al morir en los ámbitos educativos, sanitarios y sociales. Es un acercamiento a la necesidad de psicoeducación ante el hecho real de la muerte.

Continuaré desarrollando los indicadores de riesgo a tener en cuenta a la hora de valorar los duelos complicados o en riesgo de patología. La estructura de personalidad, el apoyo relacional y las circunstancias de la muerte nos darán una primera radiografía del riesgo del proceso.

Además, mencionaré los parámetros que nos ayudarán a definir la evolución del proceso en la persona doliente. Aquí, me referiré a la duración, la intensidad y la frecuencia de los síntomas en la persona que tratamos. Estos tres elementos serán una adecuada brújula para entender hacia dónde vamos en el camino personal del duelo.

Quiero hacer un recorrido específico por las características particulares que tienen los diferentes tipos de duelo. Lo hago porque sabemos que a los profesionales nos ayuda a identificar diferentes herramientas que utilizar en la ayuda del paciente.

La crónica de una muerte anunciada, en la que el duelo comienza con el pronóstico de la enfermedad, es un buen ejemplo de ello.

La muerte sin avisar nos coloca en un escenario de necesario ajuste traumático porque nos bloqueamos en la incredulidad y nos disociamos de la experiencia traumática.

Los duelos desautorizados son los que necesitan de la visibilidad y comprensión social del dolor irreversible. Para ello elegiré el duelo perinatal porque refleja muy bien las características que intento resaltar.

Las personas desaparecidas y los cuerpos sin encontrar dificultan enormemente el proceso de duelo. Son invisibles y generan mucha especulación, por ello quiero mencionarlos como un tipo de duelos específicos.

No siempre la muerte de la persona es el ejemplo de un duelo. Las enfermedades irreversibles como las dolencias neurodegenerativas (alzhéimer) son un buen ejemplo para entender la dificultad del entorno afectivo, para la aceptación y convivencia ante un proceso irreversible.

Quiero desarrollar con amplitud las muertes por suicidio. Tanto las características propias de este tipo de muerte como el silenciamiento social que hemos desarrollado al respecto hace que sea uno de los duelos más complicados en su rehabilitación. Voy a desarrollar el concepto de egocidio como alternativa saludable al suicidio.

Como no podría ser de otra manera, voy a dedicar un capítulo a la muerte durante la pandemia. La gestión de los procesos de duelo durante la era del COVID-19 nos ha retratado como sociedad y daré unas pinceladas al respecto.

La muerte desde la visión pediátrica y la adolescencia está muy necesitada de formación adecuada. Llevo años trabajando para la inclusión de los menores en los procesos familiares de duelo y estoy esperanzado en las generaciones futuras ante el tema.

Si tuviese que destacar algún elemento determinante en la valoración de los duelos, este sería el sentimiento de culpa. Lo que denomino «sentirnos mal por sentirnos bien». El sentimiento de culpa por acción u omisión es el bloqueo más repetido que he observado durante estos años atendiendo a pacientes en duelo.

El análisis funcional de los procesos de duelo nos muestra claramente el sentido terapéutico de las obsesiones. La obsesión es una estrategia rumiante que la mente utiliza para procesar el peso de la información emocional desbordada.

Es una forma fallida que, a modo de disco rayado, nos muestra la desesperación de la persona en la asimilación de la realidad irreversible.

La relación terapéutica es la herramienta fundamental para la rehabilitación del paciente. El vínculo terapéutico es el apego seguro desde el que nos acercaremos a la indagación de los elementos enquistados del duelo. Desde la psicología estamos preparados para ejercer una psicoterapia adecuada del duelo. Nos formamos con rigor y somos los especialistas idóneos para la intervención.

El cuidado del profesional es necesario para la calidad de atención con los pacientes. Para ello, considero fundamental la supervisión terapéutica del propio profesional. La buena praxis del terapeuta implica cuidarnos del desgaste emocional que supone atender de forma constante situaciones traumáticas. Así, evitaremos la contaminación al paciente en forma de enjuiciamientos o no respetar los tiempos y el ritmo que requiere la persona en duelo.

Me acercaré al desarrollo de conceptos como la esperanza y la aceptación de nuestra condición mortal. Haré un repaso sobre la pedagogía social del duelo. Todo ello en unos tiempos en los que la tiranía de la felicidad y la búsqueda perpetua de estados de euforia nos alejan de la vida real. Vivir a tope se ha convertido en un objetivo que nos dificulta degustar la experiencia de vivir cada día.

Y para finalizar el libro, quiero desarrollar aspectos fundamentales de la comunicación en los duelos. Saber qué y cómo manejamos los gestos y las palabras pueden aliviar al doliente. Una comunicación adecuada es una caricia que ayudará y, en cambio, una palabra inadecuada sumará más sufrimiento al ya existente para quien reciba el pésame. El manejo del silencio verbal y la conversación metalingüística favorecen el encuentro relacional en el duelo.

Concluiré con la mención de la bioética con la que aprendemos a no hacer daño al paciente y respetar su visión subjetiva del proceso. Estamos para adaptarnos a la realidad del paciente, y no al revés. Los pacientes son los protagonistas de la relación terapéutica.

En definitiva, voy a transitar por las diferentes huellas que he conocido en el desierto de los duelos para encontrar el camino de la calma. Es verdad que cada persona y proceso de duelo son únicos, al igual que la relación que establecemos con cada paciente. Pero también es justo decir que el saber la orientación de hacia dónde caminar y hacerlo con un profesional adecuado nos ahorrará algunos errores evitables.

El proceso de duelo

Imaginemos que nos caemos y nos hacemos mucho daño en un ojo. Quedamos aturdidos y tapamos automáticamente con la mano la zona. Nos asusta mirar la gravedad de las consecuencias y pretendemos borrar de la realidad lo sucedido. Nuestra mente intenta negar y no creer. Pues bien, precisamente esto es lo que ocurre al inicio de un proceso de duelo. Las pérdidas irreversibles nos colocan en modo de incredulidad y nos disociamos del presente. El volumen de emoción que nos ha producido el impacto de la noticia supera nuestro umbral de tolerancia y no podemos procesar la experiencia. La mente utiliza la obsesión para procesar el mensaje y no puede. Es como intentar vaciar una piscina a mano con un cubo y, desesperados, comprobamos que no avanzamos. De repente, salimos de la pantalla de nuestras vidas y no entendemos cómo el mundo puede seguir con aparente normalidad. Parecen no darse cuenta de lo que nos ha pasado. El cerebro intenta, a modo de urgencia, construir un muro que nos proteja del tsunami emocional y no puede ajustar la experiencia traumática. Es muy importante el cómo damos y recibimos la noticia. La inadecuada transmisión puede empeorar el inicio del proceso de asimilación de la irreversibilidad y generar estrés postraumático.

La siguiente tarea será modular la intensidad del impacto para evitar el bloqueo paralizado o el desbocamiento desregulado hacia el estrés postraumático. Tras el impacto de la noticia, se produce una gran polvareda mental y no vemos nada. La armonía en la gestión de la información entre el sentir, pensar y hacer se rompe. La percepción de la realidad se fragmenta y queda hecha añicos. La intensidad devastadora del sentir angustioso lo intentamos compensar con el hacer y hacer para no sentir. También usamos la obsesión para pensar y pensar como si de una moviola se tratase para cambiar la realidad y así no padecerla. El equilibrio de nuestro sistema nervioso salta por los aires. Por eso es tan importante contar con un punto de apoyo relacional que nos ayude y sujete en el vendaval.

En psicoterapia tenemos muy en cuenta el tipo de estructura de apego que ha generado la persona ante la ansiedad de separación a lo largo de su vida. Sirva de ejemplo, los primeros cólicos lactantes en el bebé. Necesita de la mirada externa que los contenga y, sin asustarse o no saber qué le pasa, le pueda transmitir que no está solo y que no lo abandonará. El espejo de dicha relación es la que interiorizamos y grabamos para utilizar a lo largo de nuestra vida ante los cortes que sufrimos en los fotogramas de la película autobiográfica. Confiamos de forma segura ante la oscuridad cuando se apaga la luz y miramos a lo desconocido como recordamos que nos miraban ante lo desconocido. «Cariño, no sé lo que pasa, pero lo descubriremos».

«Dadme un punto de apoyo y moveré el mundo», decía Arquímedes al inventar la polea. La mano tendida del terapeuta es la polea con la que empezamos a mover el peso del dolor en el duelo. Modular y ayudar a dar contención a la angustia tras el impacto es el objetivo en esta segunda etapa del camino. Es imprescindible apuntalar bien el terreno emocional tras el impacto, al igual que hace un minero antes de empezar a picar en la galería. Lo hace para evitar el riesgo de derrumbamiento y asegurar bien la zona. En los duelos es necesario dar mucha contención al paciente antes de comenzar a indagar en la relación que tenía con el fallecido ¿Y por dónde sigue el camino? Encender una linterna y alumbrar la conciencia del vacío que hay tras la pérdida nos lleva a indagar en la relación y los recuerdos con nuestro ser querido. La incredulidad obsesiva y la angustia insoportable paralizada en el cuerpo a través de la respiración, y también el enfado por la frustración irreversible, dan paso a la inmensa pena de la ausencia. Saber que no lo volveremos a ver nos adentra en un chequeo doloroso de vivencias con nuestro ser querido para transitar por el dolor que supone su ausencia irreversible. El ritmo lo marca la persona en duelo, y si es demasiado insoportable, vuelve al campamento base de la protección y aplaza la indagación porque aún hace mal tiempo para intentar hacer cima. Quien ayuda es un facilitador y respeta el ritmo en asimilar el dolor consciente que lleva el doliente. Esta parte del camino es larga y está llena de sentimiento. Es como el hematoma tras el golpe. Tras la hinchazón y la comprobación de que no ha habido rotura (patología), la reabsorción del derrame pasa por numerosos colores y, con ello, dolores. Va cogiendo una pinta que asusta y desde fuera nos miran con ojos de preocupación. El proceso sigue su curso y entra dentro de lo necesario. La asimilación de la pérdida irreversible consiste en volver una y otra vez al espejo roto de la relación con nuestro ser querido. Comprobar que nos vemos de forma condicionada es lo que nos ayudará a darnos permiso y mirar otros vínculos. Entendemos así que no por ello rompemos la lealtad invisible con nuestro ser querido. Próxima señal en el camino: transformar la nostalgia y melancolía en recuerdo agradecido.

Reconstruir significados y darnos permiso para vivir y no quedarnos en el sobrevivir es algo que no todas las personas consiguen siempre en un proceso de duelo. Después del difícil trayecto de asimilar la irreversibilidad de la muerte e intentar adaptarnos al agujero de su vacío, podemos elegir volver al amor y darnos el permiso de sentirnos queriendo nuevamente.

Sentirme bien por sentirme bien y no culpable por ser infiel en la lealtad invisible que desde el luto del sufrimiento me mantiene unido al fallecido. «Fue tan largo el duelo que lo confundí con mi hogar».

En nuestro ombligo aún está la capacidad de querer y abrirnos a la vida, aunque emitimos vínculo y ya no recibimos respuesta del vínculo perdido.

Ahora estamos preparados para volver a confiar en sentir amor y entendemos que el dolor de ahora forma parte de la felicidad de entonces, ese es el trato que hacemos en la vida. Elegimos vivir renunciando a la pseudoseguridad que nos da el sobrevivir, evitando el volver a sentir intensamente por miedo a sufrir. El problema es que queríamos llegar hasta aquí de forma racional y evitar la travesía del desierto emocional que supone todo el drenaje del maratón anterior. Correr racionalmente nos deja solos en la marcha. Solos creemos que llegamos rápido, juntos llegaremos más lejos. Hasta aquí he intentado reflejar el itinerario del duelo tras una pérdida irreversible.

Pero ¿qué es el duelo? Es el proceso de *asimilar una pérdida*. Podríamos decir que desde la angustia inicial perseguimos la esperanza de recordar al difunto con agradecimiento y que el dolor se transforme en recuerdo inspirador de vida.

Partiendo de la hipótesis de que el duelo no es una patología, vamos a gestionar la angustia derivada de una pérdida desde una perspectiva integrativa, y nos basaremos en la teoría de los vínculos afectivos (apego). La brecha que separa la vida de la muerte es siempre brusca, independientemente de la edad y circunstancias de la muerte.

Las tres facetas de la vida que organizan el equilibrio emocional de una persona son: el sentir, el pensar y el hacer. Ante una experiencia traumática como es la muerte de un ser querido, puede que esa armonía se vea alterada por una preponderancia de una de ellas. Son reacciones naturales de defensa ante algo que nos incomoda o nos hace sufrir, negar lo que sucede a nuestro alrededor.

Cuando lo que sobresale es el pensar, la racionalidad, la muerte se niega en términos racionales; pensar que no hay que sentirse triste es otra forma de reprimir la tristeza natural de haber perdido a un ser querido.

Si es el sentir el que prepondera, seguramente nos refiramos a revivir el pasado una y otra vez, sentir la muerte como algo doloroso e interno de lo que no hay que olvidarse jamás, y perpetuar el sentimiento de tristeza como única forma posible de seguir viviendo junto a nuestro ser querido tras la pérdida.

Al enfocar la dificultad en el hacer, nos referimos a la acción, no parar para no ser conscientes de la pérdida. Así, las batallas judiciales que se suceden tras las muertes en situaciones extrañas son otro síntoma más de la no aceptación de la muerte. «Pensar para no sentir y hacer para no padecer» puede ser una buena síntesis de este equilibrio roto.

Estos tres puntos citados se convierten en núcleos de resistencia donde el dolor se enquista.

A menudo se dan una serie de obstáculos predominantes en todos los procesos de duelo, que pueden resumirse de la siguiente manera:

- El sentimiento de culpa: nos sentimos en deuda y necesitamos darnos permiso para seguir viviendo. Caminar hacia la humildad y el reconocimiento de nuestras equivocaciones.

- Rabia: es la culpa puesta fuera de nosotros. Creemos que algo externo o alguien es responsable de lo ocurrido Es decir, el tiempo avanza rumiando la impotencia y fantaseando represalias.

- Idealización: es pensar que nada más tiene sentido y que aquello vivido con nuestro ser querido ha sido lo máximo y ya no podremos vivir nada nuevo en el futuro. Necesitamos humanizar al que ha fallecido y no idealizar. Recordemos también lo que no nos gustaba del que se fue y que era lo máximo. No enterremos el sentido de nuestras vidas junto a los muertos.

- Incredulidad: no asimilamos la irreversibilidad y no nos creemos lo que ha pasado. Negamos la realidad porque supera nuestra capacidad de integrarlas. En ocasiones se guardan todos los objetos, a modo de mausoleo. Y en otras ocasiones, se racionaliza el sufrimiento, evocando un estado de cierta euforia espiritual.

- Sufrimiento victimista: es el movimiento hacia la queja y el lamento. A veces existe una búsqueda de protagonismo egocéntrico que puede incomodar a los demás dolientes: familia, grupo... Son personas que al escuchar otros duelos enseguida hablan de su pérdida y no escuchan a la otra persona.

- Comparación: todo duelo es un proceso personal y, por tanto, no caben las comparaciones en el tiempo, ni las circunstancias de la muerte. A veces se cree que un tipo de muerte puede ser más llevadera que otra. Que un suicidio es más dramático que un accidente o que el ser una viuda joven le resta profundidad a su dolor.

- Recuerdos traumáticos: los relacionamos con las circunstancias de la muerte, y en ocasiones es necesario elaborar adecuadamente el impacto de la imagen traumática. El impacto de dichos recuerdos puede generar patología si nos identificamos adecuadamente para liberar el fuerte impacto encriptado.

- Fidelidad y lealtad: la renuncia de la propia vida como ofrenda al ser fallecido. Pensar que la ilusión es sinónimo de desamor. El luto moral que impide a la persona abrirse a la alegría por creer que es una ofensa para el ser fallecido. Da mucha importancia a la aprobación social de su entorno.

- Miedo y vulnerabilidad: entendiéndolo como la polaridad del amor. La persona se siente más frágil ante la vida y los acontecimientos que puedan devenir. La soledad y la inseguridad llevan a un sentimiento de desprotección ante lo desconocido.

También puede hablarse de tres ámbitos de actuación primordiales: el social, el educativo y el sanitario. Son de alto interés a la hora de abordar un duelo, y para los que hay diferentes sugerencias de trabajo:

SOCIAL

La verdad se ha maquiavelizado y la bondad se ha malinterpretado al pensar que bueno es igual a tonto. Sin duda, la ética está en crisis desde la perestroika católica. Ante la muerte de un ser querido, surge el estruendo del tabú de la muerte: no saber qué decir, las esquelas y sus tamaños, el color de la ropa, el silencio impotente... Echamos mano de nuestros mimbres de esperanza y resulta que los tenemos infantilizados y nos sentimos como en pañales ante el único acontecimiento vital que conocemos desde el nacer. Una sociedad occidental afectada por el narcisismo en la que, como rasgos característicos, encontramos el egocentrismo y la omnipotencia, necesita recuperar la humildad de nuestra realidad humana: mortal y frágil. En los duelos, los terapeutas necesitamos ser como cajas de resonancia en las que el doliente nos muestra su emoción y nosotros la recogemos mostrándole la comprensión en forma de eco y sin disonancias desafinadas.

No me refiero a la rumorología y el sensacionalismo social. Estoy mencionando la empatía colectiva que tanto arrope nos puede dar en las situaciones de duelo. Necesitamos sentir que pertenecemos a la misma tribu. Saber que la manta social nos arropa del frío desconocido y el vacío emocional. Sentirnos en buenas manos y que a la gente le importe lo que nos ha ocurrido. El día de la despedida ver el espacio abarrotado de gente es algo que las personas en duelo lo recuerdan como muestra del cariño social que la comunidad tiene para con el fallecido y su familia.

RELATO 1

Un fatal accidente se cobró la vida de tres personas en un pequeño pueblo dedicado plenamente a las viñas. Me llamaron para realizar una intervención integral en la que diseñé un plan a tres bandas: pueblo en general, familias afectadas y escuela.

Las tres fallecidas eran profesoras del colegio y me encontré con una escuela pequeña totalmente rota. Mientras acogía al resto de compañeros educadores intentamos preparar una despedida inclusiva con el alumnado y el profesorado. Lo recuerdo muy intenso en la emoción y participativo desde la gran necesidad de hacer algo colectivo. Era un claustro roto por el dolor. A nivel social el pueblo estaba muy afectado y sentían la necesidad de apoyar a las familias en duelo. Durante el luto inicial alguien se tiene que encargar de crear un espacio de expresión y condolencias. Recuerdo la reunión abierta al pueblo y la numerosa presencia de personas de diferentes edades. El miedo escénico a hablar en público se quedó pequeño ante las palabras emotivas que juntos compartían para aliviar el dolor y la pena. El pueblo se volcó con empatía hacia sus paisanos en duelo. En realidad, todo el pueblo se encontraba en duelo.

La intervención la realicé durante tres días en el pueblo. Una mañana me vino a buscar al hostal el marido de una de las fallecidas. Me invitó a desayunar y me enseñó sus viñas. Luego tomamos una copa de vino en su bodega y charlamos en un lugar con solera. Lo recuerdo como un hombre apegado a la naturaleza y me hablaba de las tierras hilvanando recuerdos con sus antepasados. Estaba preocupado por sus hijos, pues tenía una hija entrando en la adolescencia y un hijo más pequeño aún. Apenas los conocí en aquellos días, aunque andaban por allí en la despedida a su madre. Fue muy satisfactoria para ambos la conversación que tuvimos paseando por las viñas. De hecho, quedó grabado en mí un recuerdo muy afectuoso.

Curiosamente volví cerca del pueblo a pasar un par de días de descanso junto con mi mujer hace un año. Sentí un impulso de acercarme al pueblo y preguntar por aquel hombre y saludarle. Habían transcurrido quince años desde el fatal accidente. Aparcamos en la plaza del pueblo y pregunté por él a una mujer que pasaba en aquel momento. Me sorprendió que me recordase, y al preguntarle por aquel hombre me dijo que hacía unos años que había fallecido por cáncer. Sentí tristeza y pregunté por sus hijos. Me dijo que vivían en el pueblo y me ofreció el teléfono de la hija mayor. Siguiendo mi impulso la llamé. Descolgó y me presenté. Le dije quién era y que me había acercado al pueblo de visita y le narré cómo había llegado a su llamada. No solo me reconoció sino que en menos de cinco minutos se presentó en el lugar donde estábamos. Fue hermoso e inesperado. Me contó que al morir su padre abandonó sus proyectos, decidiendo continuar con la bodega y las tierras. Su hermano también trabajaba con ella.

Nos acercamos a la bodega y en un momento, junto a la foto de sus padres, se emocionó y sentí un profundo contacto de cariño. Tomamos una copa de vino en homenaje a sus padres y al marchar me quedó una sensación de hondo agradecimiento humano. He decidido elegir este relato para expresar el vínculo que en ocasiones también hacemos los terapeutas con las personas con las que trabajamos. Detrás del color de la bata que llevemos o el oficio que desempeñamos, somos personas de la misma tribu y el vínculo que realizamos es imprescindible para sanar.

EDUCATIVO

Resulta llamativo cómo en la mayoría de centros educativos existe un protocolo de incendios y no existe apenas un protocolo que seguir cuando muere un alumno. Las estadísticas hablan de un mayor porcentaje de muertes que de incendios en colegios y cada año se realiza un simulacro de incendio en todas y cada una de las escuelas. Además, se puede y debe tratar la muerte como parte de la vida y no dejándolo para una intervención en crisis.

A la hora de trabajar la muerte con el alumnado, el juego simbólico nos ayudará a que generen sus propios recursos de afrontamiento ante la angustia de separación. En ocasiones son los propios menores quienes encajan de forma más natural una pérdida, y somos los adultos quienes les inoculamos nuestros temores. Necesitamos ayudar a crear protocolos de intervención para educadores y material didáctico que aborden un tema tan natural como lo es la muerte.

La capacidad de asimilación cognitiva por debajo de los siete años está sin desarrollar, por lo que la comprensión queda congelada y los «por qué» se sucederán incesantemente. Los menores necesitan enfrentarse a la frustración y saber que vivir no es solo ser feliz, que el dolor y el sufrimiento forman parte también de la existencia al igual que la frustración. No mentir es esencial. La muerte no tiene retorno y eso lo deben saber. «La muerte no es un largo sueño, ni un viaje lejano, como tampoco es una especie de castigo del cielo por una mala acción». Trabajar la pedagogía de la muerte y el duelo es una buena oportunidad para aprender a tolerar la frustración.

Además, aprender a manejar adecuadamente la frustración es básico para saber tomar decisiones. Cuando elegimos algo en la vida, el resultado es que también renunciamos a otras posibilidades de elección. Aceptar la frustración de lo renunciado nos ayudará a construir una visión del mundo más realista y menos idealizada. La idealización de la vida no nos ayuda para la asimilación de los límites dolorosos en los que aprendemos que el pasado es irreversible.

Hoy en día nos estamos olvidando de corregir y enseñar al alumnado. Parece que la autoridad del saber y los límites consensuados están siendo cuestionados por las familias. Asistimos a la devaluación del saber y la cultura. Tenemos miedo a corregir y ejercer unos límites claros que ayuden a nuestros menores a asimilar las crisis de la vida.

Al hacerlo no les traumatizamos emocionalmente, sino que evitaremos alentar el síndrome del emperador. No asumen las consecuencias de sus actos y se atascan en el egocentrismo utilitarista. Salir del egocentrismo significa tener en cuenta al otro por sí mismo. ¿Si enseñamos a nuestros hijos y alumnos a darse cuenta de lo que hacen mal, cómo pretendemos que aprendan a hacer bien las cosas? Pienso que la pedagogía de la muerte es una oportunidad para aprender a tolerar la frustración y posponer el placer.

Hacer sitio a la irreversibilidad de las pérdidas que nos van sucediendo desde pequeñitos es una manera adecuada de evitar la falta de límites y afecto tan acusada en la infancia. Integrar los «no» como parte de la vida nos ayudará a saborear más si cabe los «sí» en la vida.

RELATO 2

Estábamos dando un curso de formación sobre el duelo dirigido a educadores. Era julio y las clases habían terminado. Dos educadoras nos hablaron el último día de la muerte aquella misma noche de una alumna de diez años tras un proceso de cáncer. Se planteaban la posibilidad de realizar alguna intervención en el centro y decidimos aplazar dicha intervención y valorarla en septiembre. Personalmente pensé que quizás en el centro no estarían dispuestos a realizar la intervención transcurrido el verano. En mi experiencia con intervenciones colectivas, la demanda es urgente al principio en la crisis y luego, transcurrido un tiempo, no lo es tanto para la elaboración de significados para la posvención.

El día 1 de septiembre se pusieron en contacto con nosotros y acudimos al centro. Vino conmigo Ane, mi hija, también psicóloga. Aún no se había incorporado el alumnado y citamos al claustro completo para la propuesta de intervención. El objetivo de la intervención en el aula era despedir a su compañera de forma colectiva y cerrando un asunto pendiente desde el verano, para poder abrir el nuevo curso de manera adecuada y sin evitaciones emocionales. Hubo alguna voz en el claustro que opinó sobre el riesgo de remover emociones en el alumnado. También alguien comentó la posibilidad de un atasco regresivo al dolor después del verano. La mayoría decidió apostar por la intervención y explicamos brevemente los objetivos y metodología que íbamos a seguir.

El mismo día por la tarde me reuní con la familia e hicimos otra sesión valorativa. Aquí nos encontramos con opiniones favorables a la intervención y escuchamos algún testimonio de adiós y arrope aislado ya realizado durante el verano con la familia de la niña fallecida. Algunos padres mencionaban las preguntas sobre la muerte y enfermedad que sus hijos preguntaban a menudo tras la muerte de su compañera. De fondo se adivinaba el miedo a un tema incómodo de preguntar e impotencia al contestar. Considero que las respuestas que nuestros hijos necesitan tienen que ver más con la honestidad que con el protocolo racional. Ayuda más la opinión real que hemos construido durante años ante el gran misterio de la muerte que leerles un cuento creyendo que lo entenderán instantáneamente.

Se apoyó la intervención y la coordinación con el profesorado. Se explicó lo que se llevaría a cabo en el aula el primer día de clase.

El primer momento de volver a clase los recibía la tutora del curso anterior. Con ella hablaron de la muerte de su compañera y se explicó el objetivo de realizar una despedida conjunta desde el colegio antes de comenzar el nuevo curso. Tras la presentación y la puesta en común de sentimientos y opiniones, se procedió a escribir individual y anónimamente unas palabras dirigidas a su compañera ausente. Guardaron dicho papel y se encaminaron con la tutora a un patio en el que se reunieron con las demás clases del mismo curso.

En medio del patio se colocaron unas flores delante de la foto de la compañera homenajeada y una caja en la cual fueron depositando individualmente los escritos que habían realizado en clase. Según fueron depositando los escritos, tanto alumnos como profesores fueron poniéndose en círculo rodeando y mirando la foto. La emoción se había despertado ya. Detrás del círculo, Ane comenzó a cantar una canción euskalduna apropiada para la ocasión. Al finalizar, tanto profesores como alumnos se cogieron de la mano y, recordando una canción que cantaban en el coro de la escuela junto con la fallecida, la cantaron todos juntos creando un momento mágico. Al terminar la canción, Ane tocó con el txistu el *Agurra*, la canción del adiós con honor, y un grupo numeroso de alumnas lo bailaron (baile que se realiza con honor y respeto) frente a la foto. El sentir general fue de emoción y cariño agradecido. Esto dio paso al tiempo de recreo y después se dio inicio al curso. La foto, las flores y la caja con los escritos se guardaron para ofrecerlos a la familia de la niña fallecida. Transcurrido un tiempo se realizó una valoración con familias y profesorado sobre la evolución e impacto de lo realizado para evaluar la evolución del alumnado. La conclusión fue de satisfacción y agradecimiento. Pienso que el adiós colectivo permitió iniciar el curso sin evitaciones y con permisos libres de culpa. Sin sentirse raros o culpables por volver a una normalidad sin tener en cuenta a la compañera. Además, pedagógicamente tanto familias como profesorado y alumnado aprendieron que el hecho de expresar emociones ayuda a reconstruir significados. Lejos de suscitar recaídas, fomentamos recursos resilientes.

SANITARIO

El dolor por una pérdida significativa no aparece en una radiografía, pero se considera el acontecimiento vital de mayor estrés. ¿Qué hacer entonces?

En medicina se forma para curar y ante la muerte anunciada (oncología) o inesperada (UCI); la impotencia del profesional y la no atención del duelo en paciente y familia provocan una sobremedicación y un presuponer de que los propios recursos del doliente (familia, amigos, vecinos) bastarán para restablecer el equilibrio psíquico.

Opino que es muy importante la intervención psicológica de forma preventiva durante el primer año posterior a la pérdida, para evitar así posibles enquistamientos. Además, esto nos ayudará a detectar posibles fisuras de la estructura de la personalidad previas en el sujeto, que pudiesen entorpecer el transcurso del proceso de duelo.

El profesional también necesita de un adecuado trabajo personal que le prevenga del desgaste profesional y que le ayude a manejar aspectos emocionales que contaminen la relación con el paciente, para poder humanizarse en la relación con los pacientes y familiares.

La figura del psicólogo en los equipos multidisciplinares de los centros hospitalarios dentro de la plantilla es fundamental para la adecuada atención de la salud. Urge que se haga sin subcontratas con asociaciones, tal como se hace con el médico, el enfermero, el auxiliar o el de mantenimiento. Tendrá como objetivos facilitar la expresión emocional del propio equipo y actuar de puente entre el equipo y pacientes-familia; además de velar por los criterios bioéticos de no maleficencia y sí beneficencia en la praxis médica. ¿Cómo es posible que en tiempos de pandemia y con tantas muertes por el coronavirus no hayamos estado presentes en las UCI? Pacientes, familias y equipo han necesitado algo más que buena voluntad ante semejante catástrofe humana. Nos formamos y especializamos para esos delicados momentos, saber estar y hacer para prevenir complicaciones posteriores.

La salud mental no empieza cuando emerge algún síntoma. Tenemos mucho camino que recorrer para normalizar la prevención en salud mental. Al igual que realizamos analíticas de sangre para saber cómo se encuentra nuestra salud, necesitamos realizar algún chequeo psicológico para valorar nuestra personalidad. Pienso que en un tiempo prudencial, la presencia de profesionales de la salud mental tendrá más protagonismo en los centros de asistencia primaria.

Así, y dependiendo de cuál sea la sintomatología del paciente que solicita cita, le podremos asistir adecuadamente los profesionales que estamos formados para ello.

RELATO 3

Ella era una médico de hospitalización a domicilio y cuidados paliativos. Cuando la conocí en un contexto formativo al que acudió a título personal me habló sobre la posibilidad de realizar algunas sesiones de formación con el equipo. Me dijo que lo iba a plantear en dirección porque veía necesario formarse en algo que les afectaba de lleno y diariamente. Yo lo entendía, no ya solo por necesidad de formación, sino sobre todo por sentirse apoyadas y supervisadas en un trabajo que requiere ir al fuego afectivo del domicilio a cara descubierta y sin ningún tipo de protección emocional. Es algo que cuidar y mejorar para la buena praxis de los sanitarios y la calidad de atención a las familias.

Más tarde tuve la oportunidad de ayudarla en consulta por una pérdida importante en la que se vio necesitada de ayuda profesional. En dicho contexto profesional, y al ver la necesidad de optimizar los recursos ya existentes en el sistema sanitario, me propuse sugerir una breve formación sobre el duelo a los centros de salud mental. Aún a sabiendas de los escasos recursos de personal que existen en dichos centros y la creciente demanda de casos que atender. En ocasiones recibía derivaciones desde la atención pública porque no podían dar el seguimiento que requería el caso que tratar. La psicoterapia inicial en un duelo es tan necesaria como el seguimiento pediátrico en el nacimiento. No es necesario que exista patología para poder llevar un registro preventivo.

Ante el colapso de muchos pacientes en duelo sin aún determinar el riesgo de patología, pensé que el propio sistema podría optimizar los servicios ya existentes, y por tanto, generar recursos individuales, familiares y de grupos para absorber, además de tratar adecuadamente el flujo natural de casos. Soy defensor de la justicia en la salud mental. No pienso que solo las psicopatologías tengan derecho a ser ayudadas por profesionales de la salud mental. Entiendo que todas las personas son dignas y merecedoras de recibir una atención de calidad cuando sufren. No me vale escuchar que para eso están las familias y los amigos o las asociaciones. Hay personas que se pueden salvar de una enfermedad mental mayor si son adecuadamente tratadas por buenos profesionales en los estadios iniciales del duelo.

Además, no todo el mundo puede costearse una sanidad privada. Escribí una propuesta concreta y bien definida dirigida a los responsables del área de salud mental. Lo remitieron a la reunión del consejo técnico para evaluar la necesidad y conformidad de recibir tal formación breve. A los tres meses, tras la reunión del consejo técnico, me notificaron por escrito que se desestimaba su utilidad en dicho contexto sanitario.

No es lo que yo observo en mi labor diaria, y mucho menos desde que empezó la pandemia. Los profesionales están desbordados y los psicofármacos se administran antes de realizar un breve apoyo psicoterapéutico. Se minimiza el dolor de los duelos y en cambio se toma la temperatura de las personas todos los días en diferentes lugares para evitar un contagio. El sufrimiento en los duelos es real, y aunque invisible a los ojos de los demás es tan necesario como la revisión de la tensión, el colesterol o el azúcar de vez en cuando. Aún estamos a tiempo de apostar por la formación específica en el campo del duelo.

EN CONCLUSIÓN

El proceso de duelo es un camino que necesitamos transitar tras la pérdida irreversible de un vínculo afectivo. Desde la incredulidad y confusión inicial intentamos asimilar emocionalmente el impacto angustioso. El pensamiento se pone en modo obsesión para procesar la realidad desbordada y nos desregulamos de forma ansioso-depresiva como sucede en los trastornos adaptativos. La culpa, la rabia, las escenas traumáticas, el luto social, la falta de permisos, el vacío, la inseguridad, la profunda tristeza y la falta de esperanza afecta a todo nuestro ser. Tanto el cuerpo como los pensamientos, las emociones y las creencias cognitivas se desequilibran de la armonía anterior. He realizado un repaso por la visión de la muerte en los ámbitos sanitario, educativo y social.

Un duelo no bien realizado es la antesala de algún trastorno de salud física o mental. Destinamos tiempo y dinero a descartar dolencias físicas en los trastornos psicosomáticos y luego les decimos que no tienen nada. Que lo suyo es de los nervios. En fin, no es tan caro atender con rigor y prontitud un caso de duelo; la persona que sufre merece ser atendida con el rigor adecuado.

Indicadores de alarma

El manejo saludable del impacto psicológico que produce la pérdida irreversible de un vínculo afectivo es algo que viene definido en gran medida por la evaluación temprana del mismo. Sabemos lo crucial que es un diagnóstico temprano en todas las dolencias de salud que podamos generar a nivel físico. Por tanto, el sufrimiento invisible que padece un doliente es causa justificada para merecer un buen triaje realizado por profesionales competentes. Además de los cambios físicos y la alteración del sistema nervioso autónomo, tendremos en cuenta el sentimiento de vulnerabilidad emocional y la obsesión a nivel cognitivo. ¿Qué tenemos en cuenta desde la salud mental a la hora de evaluar los perceptores de riesgo para un posible duelo complicado?

Atendemos a varios factores que unidos nos dan una primera valoración bastante aproximada del impacto y consecuencias psicológicas para el devenir del proceso de duelo. Voy a centrarme en tres aspectos que tengo muy presentes en la valoración diagnóstica inicial: la estructura de personalidad, la red social de apoyo y el tipo de muerte.

ESTRUCTURA DE PERSONALIDAD

Para entendernos mejor, quizás necesitamos definir qué es la personalidad. Imaginemos que al nacer nuestra genética psicológica es como un jarrón de porcelana que ha estado nutrido y satisfecho a través del cordón umbilical en su viaje del útero. Al salir al mundo, tiene que adaptarse a un entorno de condicionalidad comunicativa y afectiva. Ya no es todo inmediato y automático como en el vientre. La separatividad da paso, desde el primer grito al nacer, a ser visibles, entendidos y atendidos en nuestras necesidades. Pero ya es de forma condicional, es decir, la gestión de las necesidades se complica y somos dependientes.

Pues bien, es como si el mencionado jarrón de porcelana se cayera al suelo y se rompiera en ocho pedazos. Los primeros vínculos afectivos y las estrategias comunicativas para relacionarse van a definir nuestra estructura de apego inicial. Nos podemos sentir seguros y en buenas manos o inseguros cayendo en la especulación afectiva. Esto puede ser evitando pedir y acorazándonos en nuestras necesidades afectivas o de forma ansioso-ambivalente, al estar mendigando afecto desde la complacencia y la necesidad de aprobación. Así, reunimos los pedazos rotos y volvemos a juntarlos para dar forma al jarrón.

Aparentemente y en la distancia parece igual, pero si nos acercamos podremos ver las grietas que hemos disimulado al pegar los pedacitos. Algunas veces, con mucha dificultad y dejando huecos por donde se puede escapar el agua. Incluso aunque hayamos fusionado muy bien los diferentes pedazos, tendremos que estar atentos para cuando el agua esté muy caliente. Se pondrá a prueba la solidez y consistencia del jarrón, siendo más vulnerable en las juntas más finas.

A esto es a lo que llamo estructura básica de personalidad. Cada uno de nosotros nos hemos reconstruido en nuestro jarrón particular de una forma genuina, y en potencia podemos tender a gotear más por unas fisuras que por otras, según nos hayamos estructurado. Estos goteos son los que nos van a dar una pista del tono y tendencia al complicarse el duelo. Unas grietas tienden a la ansiedad, otras a la depresión, fobias, obsesiones, trastornos psicosomáticos, adicciones y evitaciones en forma de huidas. El carácter es de lo que vamos por la vida. Es decir, tenemos que construir una especie de máscara para adaptarnos al entorno y sentirnos queridos de forma segura para explorar el mundo. Dicha máscara nos lleva a construir un personaje que en ocasiones eclipsa a la persona que también somos. Pero nos da miedo mostrarnos, por viejos temores a ser rechazados o abandonados, es decir, a no ser queridos.

Por tanto, ser capaces de rastrear la estructura básica de personalidad en la persona doliente y comprobar los antecedentes de posibles crisis anteriores es una información crucial que tener en cuenta. Como ejemplo, es importante tener las tejas del tejado de la casa bien arreglados y sin fisuras en la tela asfáltica antes de que lleguen las lluvias y heladas del invierno. Si no es así, nos ayudará mucho el saber por dónde se ha podido filtrar el agua para no empezar a romper tejas de forma desorientada.

RELATO 4

Una pareja de mediana edad consultó por la muerte de su única hija de veintiún años. Decidí hacer un encuadre de pareja y al historiar los antecedentes, observé en ella trastorno obsesivo compulsivo que había sido tratado con éxito por otro especialista hacía aproximadamente diez años. Lo tuve en cuenta y observé aumento de rumiaciones a medida que íbamos indagando en la irreversibilidad de la relación con su hija fallecida. Comenzó a desarrollar rituales en el área del comportamiento y aparecían rasgos depresivos que decidí apuntalar con psicofármacos, además de con la ayuda de un compañero psiquiatra. El proceso pudo continuar con la integración soportable de la ausencia intensa y la incorporé a trabajar en un grupo homogéneo de duelo. Al finalizar el trabajo grupal con ella, retomamos sesiones puntuales de pareja en las cuales reforzamos el propio sistema y el crecimiento simétrico de la relación entre ambos. Quizás, el no haber tenido en cuenta sus antecedentes podría haber cronificado el cuadro depresivo y, desde luego, no habríamos podido elaborar adecuadamente aspectos clave de ausencia irreversible. De esta forma, pudimos avanzar hacia los permisos psíquicos necesarios para integrar saludablemente el proceso de duelo en pareja y evitar una relación asimétrica.

Hoy es el día en que, como cada año, realizan algunos grandes viajes y en cada país encienden una vela en señal del recuerdo con su hija. Ella me decía que a su hija le encantaba viajar y que ahora ellos lo iban a hacer también para ella a través de sus ojos genéticos. Coincidí con ellos en una intervención social que realicé en su pueblo a raíz de una muerte por accidente de una joven. A la cita social acudió mucha gente afectada del pueblo y no los vi hasta finalizar el evento. Nos quedamos hablando un buen rato y ella me decía que aunque ahora los padres de la joven fallecida no lo pudieran ver, ellos les transmitirían la esperanza de que es posible integrar la pérdida.

COBERTURA SOCIAL DE APOYO

Saber que no estamos solos y que podemos contar con ayuda es otro indicador fundamental para valorar la incidencia del impacto para la persona doliente. Desde aspectos concretos como trámites burocráticos hasta logística de hogar con alimentación, limpieza y necesidades cotidianas. Planes concretos para alimentar socialmente a la persona en duelo. No funciona el «llámame cuando quieras para lo que necesites»; es preferible ofrecer y proponer planes concretos. Y no digo imponer de forma insistente. Quizás una de las tareas más complicadas para el entorno social del doliente es la escucha activa. La empatía inicial y el impacto del luto es habitualmente atendida. La dificultad viene cuando el ritmo del doliente y nuestras expectativas difieren. La persona en duelo necesita sentirse validada y no cuestionada por su entorno cercano. Ser más puntos de apoyo que puntos de presión será un buen método para la ayuda. Cuando se está inmerso en el dolor del duelo, que es como estar en otra realidad, es importante sentirse acompañado por quienes apreciamos y nos aprecian sin censura. No preocuparnos por ser una lata para ellos y saber que están para nosotros libremente y sin compromiso. En ocasiones, conozco a dolientes que acuden a consulta porque transcurrido un tiempo en duelo necesitan hablar de sus seres queridos y no encuentran en su entorno cercano cobertura comunicativa constante para ello. Dicen sentirse repetitivos y regañados por quienes al principio les decían que tenían que soltarse y llorar. Los mismos ahora les transmiten que ya tienen que pasar página y que no es bueno estar todo el rato con lo mismo. Cuidado con los «guetos» que en ocasiones se hacen con las personas en duelo.

La cobertura social que da el poder hablar el mismo idioma y la identificación emocional con otros dolientes no puede alejarlos de otras relaciones sociales arguyendo no ser entendidos. El aislamiento social, aunque sea en grupo, es un indicador de riesgo.

RELATO 5

Ella estaba separada y perdió a uno de sus cuatro hijos por una sobredosis y se sentía muy necesitada de hablar del dolor. El sentimiento de culpa que le generaban las circunstancias de la muerte de este le impedían hablar abiertamente. Solicitó ayuda porque no encontraba intimidad y escucha constante para relatar lo sucedido en la medida en que ella lo necesitaba. No quería agobiar a sus otros hijos por el dolor que observaba en ellos al hablarlo. Además, percibía que para ellos era un motivo más de preocupación porque se les hacía difícil acompañarla en su discurso repetitivo. Recuerdo cómo una vez uno de sus hijos le comentó que si necesitaba ver en las esquelas del periódico la foto de algún otro hijo para que se diese cuenta de que los demás también eran sus hijos y necesitaban de su atención y dedicación. En ocasiones, una persona se siente sola o desautorizada para contar constantemente lo que le ocurre y es por ello por lo que buscan ayuda especializada. Formó parte de un grupo de duelo con otras madres en duelo por hijos y nos decía que salía llorada de casa y no quería dar pena a nadie. Con ella aprendí la importancia de narrar muchas veces los matices de la relación con el fallecido. Aunque parezca decir lo mismo, la protagonista está construyendo un relato asimilable de lo ocurrido. Son los innumerables toques del pincel en el cuadro antes de dar forma al paisaje.

Al año de finalizar la terapia murió por una enfermedad. Atendí a una de sus hijas, que estaba totalmente bloqueada emocionalmente. A veces, la parálisis emocional es una manifestación del dolor congelado. La recuerdo con mayor presencia física que verbal y al cabo del tiempo comprendimos que el vínculo terapéutico era lo que la estaba ayudando a procesar el duelo. También estuve con su hermana, la cual aprendió a darse permiso para no sentirse tan responsable.

ASPECTOS CONCRETOS DE LA MUERTE

Las circunstancias de la muerte nos van a dar una información concreta de elementos traumáticos que valorar con precisión al inicio del proceso de duelo. No me refiero únicamente al impacto de la muerte, sino también al proceso anterior y el consiguiente sufrimiento de haber visto el deterioro físico y psicológico en nuestro ser querido. Cualquier persona entiende que una muerte violenta deja un impacto importante a sanear además de la ausencia. La muerte de una hija conecta a sus padres con una sensación de orden cronológico invertido al tener que enterrarla. Ver a un padre precipitado en el suelo es una imagen que queda incrustada en nuestra memoria de tal forma que nos llevará mucho trabajo de rehabilitación para resignificarla. Resulta dantesco ver cómo tu ser querido pierde en tres meses más de veinte kilos y su cuerpo se deforma, al mismo tiempo que sus gritos rezuman en nuestro oídos como ruidos de socorro e impotencia.

Las circunstancias traumáticas de la muerte son como un tapón que eclipsa los recuerdos que tenemos de nuestro ser querido antes de la muerte. Queremos acordarnos de tiempos anteriores pero las imágenes de trauma son un potente imán que nos anclan en la angustia obsesiva de lo vivido. No podemos asimilarlo.

RELATO 6

Era una familia con un niño de cuatro años en un sábado cualquiera en una mañana de invierno. Salían de una tienda y el padre cogió de la mano a su hijo para cruzar la carretera. Sin saber cómo ocurrió, el pequeño se soltó de su padre y corrió al otro lado con tan mala fortuna que un coche se cruzó en ese instante y el niño perdió la vida a los ojos de sus padres. Aquella imagen ensangrentada y el sonido del impacto era una tortura diaria para aquellos padres. Las pesadillas eran continuas y la angustia inevitable. La saturación de semejante trauma requirió de un profundo ajuste psicoterapéutico. El padre no podía recordar a su hijo en imágenes del pasado y la invasión de la escena del accidente eclipsaba por completo cualquier rayo de luz ante la profunda niebla de angustia.

Mediante la utilización de técnicas apropiadas y bajo un estado profundo de focalización guiada en el accidente, el relato pormenorizado de imágenes de aquel fatídico día nos permitió rescatar un matiz con esperanza para nuestro trabajo de cirugía psicológica inicial.

Él me habló de las zapatillas de su hijo, que había estrenado recientemente. Con esta imagen, y bajo el ejercicio de reprocesamiento de la información, pudimos rescatar imágenes de él y su hijo dando patadas a un balón. El juego nos permitió avanzar hacia el difícil pero productivo relato de los momentos vividos con su hijo antes de aquella mañana lluviosa de invierno.

Los mencionados ejemplos son una muestra de las profundas heridas que se han de considerar a la hora de valorar los riesgos de complicación e infección psicológica que pudieran derivarse del trauma. El hecho de que no dispongamos de una resonancia magnética para valorar con objetividad el trauma no significa tenerlo en cuenta tal y como sabemos hacerlo desde nuestra profesión especializada para ello.

EN CONCLUSIÓN

Tendremos en consideración la estructura de personalidad al estimar los riesgos de un duelo patológico tras una muerte. La personalidad es nuestra columna vertebral psicológica que soportará el impacto de la pérdida. Son los pilares y el plano técnico de nuestra casa. Saber los detalles básicos del soporte psicológico con el que contamos nos dará una buena información inicial. En mi opinión es el factor más importante que tener en cuenta.

También necesitamos saber si la persona dispone de cobertura social de calidad en la cual apoyarse para narrar las veces que necesite todo lo ocurrido. El apoyo social permite al doliente construir una narrativa rehabilitadora en el proceso de duelo.

La vivencia de imágenes de la muerte nos da una información crucial para saber desde dónde necesitamos comenzar la rehabilitación del duelo. El impacto traumático no bien saneado en las primeras fases de lo ocurrido es lo que está mayoritariamente presente en los duelos patológicos. Son infecciones iniciales que han quedado ocultadas y negadas perjudicialmente.

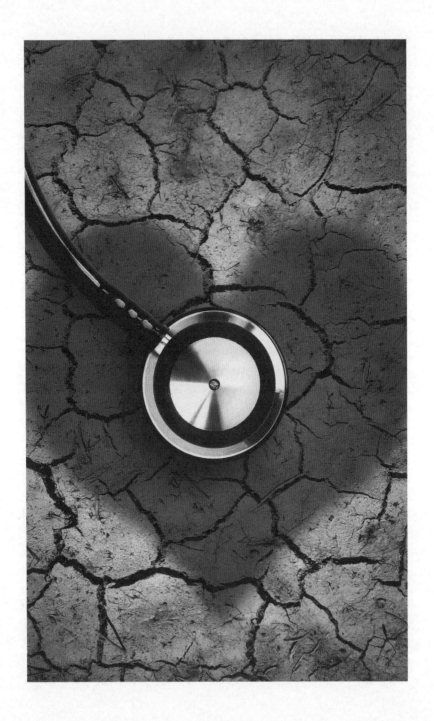

Parámetros de cicatrización

De los tres factores de riesgo antes mencionados, considero la estructura de personalidad como el principal preceptor de riesgo en cada caso, tal y como he mencionado antes. También tengo en cuenta que se cumplan dos o incluso los tres factores de riesgo a la hora de proponer un trabajo especializado. El triaje adecuado y temprano de la primera valoración nos puede ayudar mucho a detectar y trabajar adecuadamente con los pacientes en riesgo de duelo patológico y complicación. Necesitamos estar muy atentos ahora con tantas muertes durante la pandemia. No estamos realizando un cribado adecuado. El volumen de fallecidos se está tratando más a nivel estadístico y en relación con el riesgo de nuevas olas de contagio que en la posvención de duelos patológicos. Somos una sociedad en duelo que necesita de cuidados adecuados. Si pasamos página ante el duelo de tantas muertes por la pandemia, seremos una sociedad anímicamente enferma.

¿Cómo podemos valorar la evolución del duelo y cuáles son los parámetros que indican una adecuada cicatrización? También aquí voy a citar tres indicadores que usar como guía. A mí me ayuda a saber la evolución de cada caso y recurro constantemente a los indicadores que voy a exponer a continuación. Varían en relación con las circunstancias externas o internas. Por ello, lo tengo en cuenta de forma paralela, es decir, qué pasa dentro y fuera de la persona en el tiempo de la valoración.

INTENSIDAD DEL DOLOR

Muchos pacientes hablan de un dolor insoportable. Además de la angustia emocional y el pensamiento obsesivamente torturador, mencionan el dolor físico y una profunda sensación de irrealidad existencial. La intensidad o la insoportabilidad del mencionado dolor nos va a dar pistas de cómo evoluciona la asimilación de la pérdida irreversible. Consideraremos la intensidad del dolor también en el tránsito del proceso. La angustia física intensa o la nostalgia profunda derivada del vacío es distinta a la evitación constante y cronificadamente enquistada. No conectar con el desprendimiento de objetos o la visualización de imágenes con el ser querido también nos indicará en qué momento del proceso se encuentra el doliente. Por tanto, donde conviene que incidamos o indaguemos, respetemos y entendamos a la persona.

Afortunadamente, la intensidad del dolor va remitiendo en los duelos saneados y el ruido intensamente doloroso del principio da paso a un sonido de fondo que nos acompaña. La melodía de ese sonido puede ser cálida y afectivamente integrada. Recordemos que existen fechas señaladas y encuentros con personas concretas que también van a aumentar la intensidad del dolor.

Los factores externos y los factores internos de la personalidad son los dos polos que ayudan a la armonía de la integración.

RELATO 7

Cuatro jóvenes estudiantes universitarios murieron en un accidente de tráfico en el trayecto a la universidad. Tenían veintidós años, una vida plena y juntos recorrían cada día dicho trayecto. Cuando conocí a los padres en duelo por separado y tras varias semanas de trabajo, pensé que sería adecuado juntarlos y realizar un encuadre grupal de terapia en grupo. Así, comenzamos a vernos ellos ocho y yo, semanalmente.

Recuerdo las primeras sesiones con gran intensidad emocional y profunda angustia en estéreo. Para mí no fue fácil integrarme en sus relatos desde la escucha activa y ayudarles a modular la intensidad del dolor. Mi función terapéutica consistía en contener semejante volumen de emoción y redirigirla hacia la integración y la asimilación. A menudo pensaba en los jóvenes fallecidos y me inspiraba en sus vidas para tratar de entender empáticamente a las familias rotas por el dolor. Una madre me decía al principio que sentía un dolor muy agudo e insoportable en el pecho. Se preguntaba hasta cuándo duraría aquel dolor físico. Comprendió que el relato compartido y las lágrimas continuadas ayudaban a ir ablandando el dolor en el pecho. La intensidad del dolor no tenía que ver con causas orgánicas ni riesgos cardiovasculares.

Nunca olvidaré una sesión en la que preparé un ejercicio conjunto para elaborar la memoria afectiva de sus hijos. Busqué un estado de relajación y para ello elegí una música concreta. Estábamos con los ojos cerrados, y al escuchar la canción uno de los padres tuvo una especie de ataque de risa incontrolado que nos contagió a todos, y reímos como nunca antes lo habíamos hecho en sesión. Era como si hubiese un permiso tácito para reír y hablar de los hijos fallecidos sin sentirse culpables por ello. Afortunadamente me olvidé del objetivo del ejercicio y escuché lo maravilloso de aquel encuentro espontáneo. Necesitaban permiso para honrar a sus hijos también desde la sonrisa.

La intensidad insoportable del dolor inicial dio paso, gracias al relato compartido y orientado hacia la asimilación de la irreversibilidad, a poder trabajar el desprendimiento y el adiós. Pudimos llegar a que escribieran simbólicamente a sus hijos en señal de despedida. Para ello cada pareja eligió algún objeto significativo que mantuvieran como vínculo con sus hijos y de forma conjunta desprenderse de él en la noche de las hogueras de San Juan. No olvido cómo unos padres eligieron los safaris que a diario llevaba puestos su hijo. Los «pisamierdas» los llamaba él, y me decían que al desprenderse de algo tan íntimo era como si se lo devolvieran a él para continuar su viaje. El dolor del desprendimiento fue ahora más soportable que al principio y se tornó en permiso generoso e incondicional de unos padres que daban permiso a su hijo para que se fuese en paz.

DURACIÓN DEL DOLOR

Me refiero al tiempo que tardamos en darle la vuelta al bajón o crisis sintomática. En ocasiones, un pensamiento, encuentro o emoción nos puede dejar bloqueados o desregulados para todo el día o incluso varias jornadas consecutivas antes de levantarnos y salir de la angustia. Puede ser una pesadilla durante la noche que nos deja aturdidos para el resto del día sin poder darle la vuelta a la angustia vivida en la pesadilla. Al igual que puede ocurrir con una crisis de ansiedad la primera vez que la sufrimos. Podemos aprender técnicas para su adecuado manejo, así, cuando volvemos a tener los síntomas de la ansiedad, sabemos de qué se trata descartando motivos orgánicos y el trabajo de las técnicas aprendidas nos ayuda a regularnos en menor tiempo que al principio. En los procesos de duelo saneados no son tan necesarios ya los rescates farmacológicos para revertir los momentos de crisis cuando volvemos al dolor. La psicoeducación trabajada aumenta el umbral de tolerancia, y por tanto, los recursos de afrontamiento adecuados para bajar antes la «fiebre psicoemocional».

RELATO 8

Ella enviudó al perder a su marido por un accidente cerebrovascular. Consultó al poco tiempo de la muerte y la conocí con mucha labilidad emocional. Tenía dos hijos en edad universitaria y estaban fuera de la ciudad. Pasaba tiempo sola y rumiaba muchas escenas en las que se cuestionaba la comprensión que había tenido ante la enfermedad que sufría su marido. Él sufría un trastorno bipolar desde hacía tiempo y estaba siendo tratado profesionalmente. Cuando ella sufría crisis de angustia, la angustia y la ansiedad intensificaban la búsqueda obsesiva de escenas en las que creía no haberse comportado adecuadamente con su marido. A veces eran las compras desproporcionadas en la nevera, y en otra ocasiones los planes vertiginosos en las salidas conjuntas durante las vacaciones. Ella repetía incesantemente que no lo había comprendido lo suficiente y que él sufría por ello. Transcurrieron los tres primeros meses y aún le costaba mucho filtrar los momentos de angustia y se sentía desbordada sin treguas. Hablamos de la posibilidad de utilizar algún apoyo medicamentoso. Ella prefería algo alternativo, no guardaba buen recuerdo de la medicación en el proceso de su marido. Hablamos del trabajo con el cuaderno y la disciplina que ello iba a requerir. Cuando alguien comienza un tratamiento antidepresivo sabe que de media va a tomar la medicación alrededor de un año y a razón de una toma diaria como mínimo. Pues bien, acordamos la escritura diaria como método alternativo. Aunque nos veíamos una vez por semana, ella escribía cada día y me dejaba el cuaderno para que lo leyese entre sesiones. Mientras, ella escribía en otro y poniendo fechas nos intercambiamos los cuadernos. A medida que avanzaban los meses, y cuando observé que la modulación emocional asomaba tímidamente en su narrativa, la invité a escribir con dos colores. El otro color lo asignamos a su marido fallecido y era ella la que escribía simbólicamente como si fuera él. La reconstrucción de significados la intentamos trabajar con el diálogo simbólico. Era una forma imaginaria de integrar preguntas sin respuesta apelando a la representación internalizada que ella había guardado en su memoria de relación con él. Lejos de construir un delirio o una realidad paralela, el trabajo nos ayudó a sanear cuestiones pendientes de relación. Reconstruir significados es fundamental para poder avanzar hacia la asimilación de la irreversibilidad.

FRECUENCIA DEL DOLOR

Los momentos de dolor se van espaciando en el tiempo y no son tan continuados. La fragmentación de las crisis hace posible que tengamos periodos de tregua más largos y recuperemos un poquito de aquella percepción del control que nos ayudaba a circular por la vida sin tanta sensación de indefensión. Es una sensación totalmente inversa a las contracciones del parto. Las contracciones del duelo van siendo menos intensas, más espaciadas y duran menos tiempo. El proceso de duelo es como un vaivén entre momentos de conexión del dolor y ratos de evitación del dolor. Podemos encontrar motivos internos de conexión, como son pensamientos y la propia evolución de la asimilación psicoemocional de la ausencia.

Por ello, al principio nuestra obsesión juega un papel fundamental para asimilar el trauma de la pérdida. Estamos procesando los por qué a jornada completa y no podemos creer lo que ha pasado. Por tanto, la frecuencia de momentos de angustia es alta.

Los factores externos tienen que ver con encuentros inesperados, fechas concretas, retirada de objetos, escuchar una canción... Se trata, por consiguiente, de estímulos que nos conectan con nuestro ser querido fallecido. Podemos llevar una temporada más regulada y al acercarse la Navidad parece que tenemos una vuelta al dolor de la ausencia. Es como una escalera que subimos hacia la aceptación serena de la pérdida y en ocasiones bajamos peldaños para recordar la angustia del vacío y momentos del final con nuestro ser querido.

RELATO 9

Ella había acompañado a su madre en un final cruel por su enfermedad. Se encontraba en la quinta planta de la vida y su madre ya había alcanzado los setenta y siete. Cuando la conocí en consulta se sentía molesta por los comentarios desafortunados que a menudo recibía de su entorno. Es ley de vida, ya tenía una vida vivida, ahora estarás más libre... Un sinfín de consejos verborreicos que, como a menudo digo, solo ayudan a quien los dice, pero en nada ayudan a quien los escucha. Sentía que cuestionaban su tristeza y desautorizaban sus sentimientos. Buscaba amigas y gente cercana para hablar de su madre. Notaba cómo enseguida le cambiaban de tema. Sufría soledad comunicativa. En consulta observé el alivio que sentía al narrar anécdotas vividas con su madre y cómo se emocionaba entre el anhelo y la añoranza.

En general, tendemos a finiquitar muy pronto el arrope por duelo cuando se trata de personas que han muerto a una edad avanzada. Ella buscaba entre los papeles y las fotos que guardaba de su *ama*. Rememoraba las palabras y el tono que usaba para consolarla después de una jornada laboral difícil en la escuela. «Siempre tenía una palabra de ánimo que me calmaba», me decía. Me viene a la memoria el ejercicio que trabajamos con el último bote de bonito en conserva que le quedaba embotado con su madre. Estaba con el dilema de abrirlo y perderlo o guardarlo y que se perdiese, pues llevaba ya tiempo con el riesgo de la caducidad.

Por aquellas fechas yo daba una conferencia en la universidad y alguien del público me preguntó sobre el milagro de la comunión de los santos. Era un sacerdote y le pedí que, por favor, compartiera con nosotros su conocimiento. Nos habló de la última cena de Jesús con sus discípulos y cómo el ritual de la comunión representa con la ingesta de la hostia sagrada el cuerpo de Cristo. Pues bien, le conté esta anécdota a mi paciente que era creyente. Ella aprovechó el cumpleaños de su *ama* para prepararse una buena ensalada con aquel bonito y degustarlo con placer. «Así no se perderá y estará dentro de mí con todo el cariño con el que cada año hacíamos la conserva de bonito», me dijo con emoción y cariño.

EN CONCLUSIÓN

La duración, la intensidad y la frecuencia de los momentos de dolor y crisis son los termómetros que utilizo para evaluar la evolución de los procesos de duelo. Saber que la persona se levanta cada vez más pronto de los bajones es sinónimo de progreso adecuado. La duración constante y sin alivio además de resultar inhabilitante asusta mucho a la persona en el comienzo del duelo.

La intensidad del dolor y la angustia inicial van siendo más soportables aunque exista un fondo de dolor más llevadero. Pensar en el ser querido fallecido y saber que no volverá es un pinchazo agudo al que no estamos acostumbrados.

La frecuencia de las crisis se va espaciando, y con ello aumentan los momentos de tregua entre la dura realidad irreversible y la atención en otros elementos de la vida. No desaparece el pensamiento terrible, pero la persona en duelo atiende también a otro aspectos vitales. El trauma se va sedimentando en capas más profundas de nuestra memoria emocional. El anhelo y la nostalgia sustituyen a la angustia y la incredulidad iniciales.

Tipos de pérdida

En el siguiente capítulo voy a mencionar los diferentes tipos de muerte y las características específicas en los procesos de duelo consiguientes. La identificación con las especificidades de cada uno de los tipos de pérdida nos ayuda a entendernos mejor, y la comprensión normalizada desmonta falsas creencias y enjuiciamientos inadecuados para los dolientes. He recogido los que más habitualmente trabajo en consulta, aunque no está desarrollado todo el abanico de pérdidas posibles. Pido disculpas si alguien se siente fuera de la tipología desarrollada pues no es mi intención excluir a ningún tipo de pérdida ni persona en duelo. En todas ellas el objetivo es intentar adaptarnos a la irreversibilidad de la pérdida. Como me decía una familia que perdió a su hijo adolescente por un tumor: «Éramos cuatro en la bonita familia que habíamos formado. La silla que habíamos construido perdió una pata y llevamos mucho tiempo intentando rehabilitar la que falta y es imposible. Aceptamos que ya no podemos ser una silla con cuatro patas y decidimos formar un taburete de tres patas para poder sentarnos como familia».

CRÓNICA DE UNA MUERTE ANUNCIADA

El índice de mortalidad en el ser humano es del 100 %. Este es un dato suficientemente contrastado y no existe posibilidad de error alguno.

¿Cómo pues, sabiendo que algún día moriremos nos pilla tan «en pañales» una situación similar? Sin duda, la muerte sigue siendo un gran tabú en nuestra civilización. Hasta tal extremo que la negamos como si fuera algo que solo ocurre en los informativos, al vecino que está en el hospital o lógicamente una vez pasada la edad de jubilación.

Aun sabiendo esto, muchos coincidiremos en que el diagnóstico de una enfermedad terminal como el cáncer (afortunadamente algunas veces se cura) genera un tremendo impacto emocional al paciente y a su familia. La crisis se ha instalado y afrontarla requerirá de toda la ayuda posible.

Cuando el equipo médico informa a la familia del pronóstico fatal surge en ellos una parada, un temblor que detiene las agujas del reloj y les obliga insistentemente a pensar que están soñando. No saben qué hacer y mucho menos cómo hacerlo.

La duda de informar o no al ser querido se convierte en obsesión. Quizás se olvidan de que ellos lo intuyen y disimulan para no hacerles sufrir. Es el «efecto espejo».

Los días transcurren y el sufrimiento comienza a inundar las vidas de los pacientes. Unas veces el dolor, otras muchas la incertidumbre, el silencio, la rabia, la impotencia y sobre todo el miedo les lleva a plantearse preguntas existenciales y también respuestas espirituales. ¿Por qué? ¿Me voy a morir? Es la última oportunidad vital. Aparecen la derrota, el fracaso, la soledad, el abandono total... No encuentran salida ni absolución en el corredor de la muerte y la obsesión machaca sin pudor ni esperanza.

¿Y ahora qué?

Desde la psicoterapia, podemos aportar nuestro humilde granito de arena ayudando a contener este dolor emocional y favoreciendo los necesarios asideros psicológicos.

Al estar frente a la muerte anunciada, el protagonista necesita comprender que la vida existe hasta el final y creerse que la muerte comenzará cuando la vida termine. Hasta entonces, es imprescindible vivir en todas las emociones, intentar concluir los asuntos pendientes que le crean incomodidad. Siempre relaja el ir cerrando puertas y ventanas que generan corriente emocional. Intentar que la muerte nos pille bien vivos. No permitir que nos inunde la sentencia del no hay nada que hacer. Sí, tenemos poco tiempo para hacer muchas cosas. No adelantemos una muerte social y psicológica.

La muerte no es algo que haya que hacer, ni tan siquiera es necesario saber cómo se hace. Nuestro cometido es vivir, el resto se hace solo. Por cierto, en mi experiencia con pacientes terminales he confirmado que lejos de ser algo espectacular, resulta tenue como una puesta de sol. Uno se percata que está oscuro pero no sabe cuándo se ha hecho de noche.

En este duelo anticipado, también la familia necesita supurar el dolor de tal situación desbordante y agotadora. Muchas veces esta se olvida de sí misma, creyendo erróneamente que lo único que importa es el enfermo. ¡Mentira!

El hecho de actuar como una «esponja emocional» que absorbe el sufrimiento del ser querido requiere mucha energía y apoyo social. De lo contrario, se hundirán en el agujero de la depresión. La familia no puede cargar en silencio con esta losa. El permitirse desahogar, en lugar de ser un acto cruel será la pócima para continuar la labor. El odio en estas ocasiones es amor hambriento, de lo contrario hace tiempo que hubiera dejado de atender a su ser querido.

Quizás nuestra civilización esté ante un reto que nos ayudará a crecer. ¡Ojalá la presencia de seres queridos cuando nacemos arrugaditos, el color de las flores y las sonrisas bañadas de ternura puedan acompañarnos también en nuestro viaje de vuelta!

Recuerdo a una familia que perdió a su hija pequeña por cáncer. Me hablaban del pesar que les quedó por no haber elegido un final cerca de casa, pudiendo beber agua cuando tenía sed y comiendo chuches con normalidad aunque no fuese bueno. ¿Bueno para qué? O aquel hombre joven que tras ser padre y saber que se iba me confesó que siempre había sufrido la hipocondría. Ahora que sabía que iba a morir pronto, se había curado del miedo a enfermar. Le apenaba el poco tiempo que le quedaba para usarlo con certeza sin ser preso de la incertidumbre y pedía una bola extra para vivir a tumba abierta.

RELATO 10

Ella estaba viuda, vivía sola y tenía setenta y tres años. En julio le diagnosticaron cáncer de páncreas avanzado. Recuerdo el día que le hicieron la primera ecografía y al salir me agarró del brazo llorando y me dijo que tenía miedo, que aquello tenía mala pinta. Nos abrazamos en la salita de espera frente a la puerta. Salió una persona con bata y mirándonos con tono de riña nos dijo que se tranquilizase y que ponerse así era peor. Nos dimos la vuelta y mirándola le pedí respeto. «Lo esencial es invisible a los ojos» y se ve desde el corazón.

A partir de aquel día, pasó dos semanas de ingreso en el hospital para hacerse más pruebas y ponerle nombre a la enfermedad tras la biopsia. Afortunadamente ella pidió al equipo médico que le informaran junto a la familia. Así, el equipo médico nos informaba simultáneamente. Queríamos evitar la conspiración de silencio en la que todos saben y todos callan. No tendríamos que usar el disimulo, y aunque al principio era más violento emocionalmente, también era más liberador y auténtico para todos. La oncóloga habló del mal pronóstico y la única posibilidad era iniciar un tratamiento paliativo suave, aunque con efectos secundarios dado lo débil que se encontraba ella. Nos sentimos muy orgullosos de ella. Eligió ir a casa y recibir atención paliativa. Dijo que era su cuerpo y no quería alargar unos meses más aquello para sufrir y hacer sufrir.

Y así fue el viaje a casa. Pudo rodearse de ayuda y despedirse de quien quiso. El equipo médico de asistencia domiciliaria se encargaba de las medicinas paliativas. Nosotros la acompañamos en todo lo demás. Al principio hubo los comentarios bienintencionados de los conocidos sobre ir a tal sitio para tratarlo de forma diferente. Los intentos de insuflar esperanza curativa denotaban la incapacidad que a veces tenemos para aceptar la realidad irreversible. Una conocida la vio al principio de venir a casa en la plaza, junto al portal. Se le acercó y, con firmeza, le habló de un tratamiento alternativo, que luchase y que se iba a curar. Ella escuchó y con sonrisa empática calló. Al llegar a casa me dijo: «Pobrecita, me quiere mucho y no soporta pensar que me estoy muriendo». Afortunadamente no se desvió en el camino y reservó las pocas fuerzas que le quedaban para estar donde quería. Las visitas de sus amigas y jugar a cartas cuando tenía ganas, o el café con leche y el bizcocho recién hecho por mi hermana en el obrador del pueblo. Y no quiero olvidar la aventura de bajar a tomar el aperitivo con un Bitter Kas. Esos días eran fiesta. Hablamos de muchas cosas, optimizamos el tiempo para tratar las emociones, los pensamientos y hacerlo a tiempo completo. Dormitar mucho, poner rescates de medicación para el dolor y adelantarnos a la inquietud o el desasosiego. Maniobras sanitarias en casa que a nosotros nos resultaban complicadas emocionalmente. Y ver el día a día que se iba haciendo de noche. El cansancio extremo no daba tregua. Pero aun así, sacamos un ratito para empezar a desprenderse de ropas y objetos. Esto le regalamos a tal amiga y todo esto lo tiramos para que no tengáis tanto trabajo luego. Aquello guardamos para que lo miren las nietas y mientras… sentíamos el vacío. El silencio anuncia el ruido del adiós. La cama era su refugio preferido. Levantarse empezaba a ser una odisea. En la ducha ya teníamos aprendido el ritual. Templar el agua y con la esponja enjabonada yo me encargaba de enjuagar su cuerpo y a ella le tocaban los «países bajos». Mi hermana tenía mano con muchas otras cosas y ha sido nuestra bendición en todo momento. Hacíamos excursiones por el pasillo de casa y visitamos alguna habitación donde hubiese sofá o cama para poderse tumbar. Esperábamos con entusiasmo las visitas de nuestras familias creadas con tomates de la huerta y caldito recién hecho. La sopa de pescado que nos hacía nuestro buen amigo es la muestra de que hechos son amores y no solo bonitas palabras. En su mente estaba el reto de poder llegar juntos para celebrar a finales de septiembre el cumpleaños de una de sus nietas. Le explicamos cómo podía grabar algún audio en el móvil y nos ha dejado una docena de comentarios que nos han emocionado mucho tras su muerte en octubre.

Pensó en cómo quería su despedida y lo negociamos con el cura. Su ilusión era que al final le cantara una nieta en la iglesia y así ocurrió. El viaje del pasado verano no fue nada fácil. Recuerdo horas antes de su muerte cuando la respiración ruidosa y entrecortada inundaba la habitación. Me sentía emocionado. Sin pensarlo, y mucho menos planearlo, le cogí la mano y comencé a tararear la canción de cuna que ella me cantaba cuando era pequeño. Las lágrimas en la garganta hicieron el resto. «Loa loa txurumbele».

Las muertes anunciadas nos dan la oportunidad de hacer las maletas y dejar los asuntos colocados. Al despedirnos de la vida ordenamos los cajones que elegimos ventilar y respetamos no abrir los que están cerrados con candado. Somos libres de hablar y de callar porque la muerte no hay que vivirla de forma idealizada. Igual que vivimos la vida de forma real y humildemente hacemos lo que podemos con lo que sabemos.

Hoy doy gracias al tiempo que tuvimos para pedirle perdón por aquellas cosas. Perdonarle por aquellas otras. Decirle que la quería cada vez que escuchaba un «te quiero mucho». Darle las gracias mientras me decía «Gracias por todo». Y poder decir «Adiós, *ama*, descansa en paz, y vete tranquila».

En conclusión

El proceso de duelo comienza cuando nos hablan de una enfermedad incurable y por tanto en fase paliativa. El manejo de la información y la sintonía con la persona enferma, el equipo profesional que la atiende y la familia es imprescindible para un buen desarrollo de los cuidados paliativos. El manejo de la verdad soportable, el efecto espejo y el silencio insoportable son cuestiones muy importantes en el anuncio de la muerte y que desarrollaré más profundamente en un posterior capítulo dedicado íntegramente al manejo de la comunicación. Cuando nos dicen que lo sienten y no hay nada que hacer médicamente para la curación, comienza otro tratamiento. Hay poco tiempo para hacer muchas cosas y no debemos adelantar una muerte psicológica y social. El objetivo es la vida digna hasta el final y procurar que la muerte nos pille lo más vivos posible. El sentido de una muerte digna es dar dignidad a nuestra vida con toda la cobertura humana que podamos ofrecer desde unos cuidados paliativos necesarios más que nunca y en vías de crecimiento como especialidad. No todo vale y es necesario aumentar la calidad de la atención al final de la vida.

UNA MUERTE SIN AVISAR

En un segundo nos puede cambiar la vida de forma inesperada y saltar por los aires la armonía vital. Nos quedamos aturdidos y fuera de la realidad. No entendemos nada y parece hasta irreverente ver cómo todo el mundo sigue igual, como si no se hubiesen enterado de la muerte de nuestro ser querido. Pensamos que estamos en una pesadilla y no es verdad lo que nos cuentan. Nuestra mente intenta borrar la noticia y volver al minuto anterior. Desgraciadamente, la noticia de la muerte es verdad y entramos a otro mundo desconocido hasta entonces. Voy a intentar resumir brevemente los mecanismos que se producen en nuestro cerebro para asimilar la noticia traumática.

Nuestro cerebro es como una casa de tres pisos. En la primera planta ubicamos la inteligencia del cuerpo, también llamada sensoriomotriz (cerebelo). En la segunda planta situamos la inteligencia emocional (sistema límbico). Y en la tercera planta de la casa cerebral localizamos la inteligencia racional (córtex orbitofrontal). Sabemos que la información va de abajo hacia arriba por las bases corticales, que son como una autopista de muchos carriles que emite masivamente información sensitiva precisa para adaptarnos a la situación. En una situación normal la información es absorbida de forma ventro-vagal, es decir, fluidamente. En cambio, en una situación traumática, es mucha la información que queda colapsada en el cuerpo y nos paralizamos de forma dorso-vagal. El sistema nervioso autónomo regula la información a través del equilibrio entre la activación (sistema nervioso autónomo simpático) y la modulación de la información (sistema nervioso parasimpático).

Al ser tan grande el volumen de información, se colapsa en el cuerpo y es lo que llamamos estado de *shock*. Precisamente aquí es donde quiero hacer hincapié en la atención del cuerpo en los procesos de duelo. Aún no podemos sentir lo que ha ocurrido, al igual que ocurre tras recibir un golpe físico y estar en el calor de la adrenalina. Por tanto, el contacto corporal y no la palabra es lo que más agradecerá la persona en duelo. Son momentos en los que no existen palabras que recojan el sentir desregulado de la persona. El abrazo sincero y cariñoso es el mejor psicofármaco para los primeros auxilios del impacto traumático. También la música y los sonidos de la naturaleza son buenos puntos de apoyo para desbloquear el paso de la información hacia el sentir en el segundo piso. Son facilitadores de la asimilación de emoción dolorosa por la armonía que engendra la música en sí misma.

Conocemos la estructura psicobiológica del cerebro y sabemos que la información no va de arriba hacia abajo porque las bases corticales están así configuradas. Solo llega un hilito de información en comparación con el chorro de información que viene desde abajo. Es como el calor que sube desde la chimenea de la sala hacia las habitaciones de los pisos superiores. Por mucho que soplemos hacia abajo, la fuerza viene del piso inferior. Por tanto, por más que busquemos torniquetes racionales a las heridas emocionales, no es posible regular la rotura de dolor. Si en una situación cotidiana las neurocepciones del sentir nos llevan al pensar y luego al actuar, en una situación de trauma el orden se altera para protegernos de la inundación del impacto que amenaza nuestro sentido de realidad. Es como un estado de locura emocional.

Imaginemos que tenemos una rotura de tubería en la primera planta de la casa y el fontanero va al tercer piso a intentar arreglar la avería porque hay más luz y se ve más. No podemos entender a una persona en duelo por una muerte sin avisar si no atendemos bien su impacto en el cuerpo. Hablarle desde la tercera planta sin bajar al sentir de la segunda o incluso contactar con la comunicación no verbal de la primera planta no ayudará en nada a la persona en duelo a sentirse contenido y en buenas manos.

El buen manejo de la información en la fase de impacto nos ayudará a tener un buen encofrado de la casa. Una base segura sobre la cual poder reconstruir los pilares de la casa herida en su estructura básica de personalidad.

RELATO 11

Era un domingo cualquiera en el que la familia se reunía en la mesa para comer. La pareja tenía tres hijos y durante el aperitivo el menor murió atragantado por una aceituna. La imagen del trauma conmocionó a todos los presentes. Enseguida reaccionaron haciendo las maniobras necesarias para salvarle del ahogo, pero por desgracia no lo pudieron conseguir. De hecho, una de las cuestiones que les pesaba fue leer en prensa la noticia con la consiguiente explicación de lo que había que hacer en un accidente así. Ellos lo hicieron y no lo lograron, por lo que se sentían dañados por la noticia. Todo fue muy rápido y las maniobras se realizaron de forma adecuada. Incluso la ambulancia llegó relativamente rápido, pero nada se pudo hacer para salvar al menor.

No fue fácil acercarnos a narrar la escena de aquel terrible día. La imagen traumática y la enorme complejidad para construir una narrativa integrada del suceso para poder seguir viviendo requerían ser muy cuidadosos en la indagación. Poder hablar de lo ocurrido en sesión se hacía difícil en el encuadre de sesiones de pareja con los padres conjuntamente, y pude realizar alguna sesión individual para indagar sin tener que preocuparme por dañar al otro con la emoción. Dedicamos muchas sesiones para apuntalar bien la intervención y elaborar la escena traumática. Su padre era carpintero y me habló de la cuna de madera que había construido para sus hijos y en la que situaba a su pequeño fallecido. Me hablaba de la cuna con dolor y mucho amor. Todavía no habían podido acudir al cementerio donde habían enterrado al pequeño y un día quedé con él para que me enseñara la cuna y lo acompañé al cementerio. Limpió el lugar donde estaba su hijo y con lágrimas colocó unas flores. Guardó la cuna para la vida que pudiese venir.

Aquella pareja fue muy importante en el desarrollo de un grupo de terapia de duelo en el que estaban incluidos. Se sintieron muy arropados y entendidos para seguir adelante expresando el dolor compartido y dándose permiso para abrirse a la vida. De hecho, durante el transcurso de la terapia nació un nuevo hijo en aquella familia y solo faltan tres semanas para que vuelvan a incorporarse con el pequeño recién nacido. Ha sido una de las personitas de menor edad que han pasado por la consulta. Los hermanos del fallecido merecen mención aparte. Ellos también presenciaron la escena traumática y vigilamos de cerca la evolución de sus cuadros. Sigo teniendo muy presente la posibilidad de realizar grupos terapéuticos de hermanos fallecidos entres los jóvenes. Opino que sería de gran ayuda preventiva. Esto ocurrió hace ya varios años, cuando la hija pequeña de la familia estaba aún estudiando educación primaria. Hace un par de años la mencionada hija contactó conmigo para pedirme ayuda sobre el trabajo de fin de grado (TFG) para su graduación en Educación Primaria.

El tema del trabajo era la inclusión de la muerte y los procesos de duelo en la educación primaria. Ella me decía que sabía que podría aportar algo en dicho campo.

En conclusión

El impacto de una muerte traumática sin avisar comienza en el cuerpo y necesitamos entender los mecanismos que se desencadenan en el origen del trauma. La asimilación y adaptación a la realidad comienza en las neurocepciones, que son anteriores a nuestra voluntad. Posteriormente el sentir emocional, luego pensar con nuestro mapa cognitivo y finalmente el comportamiento, que ocurre como conclusión y respuesta ordenada en relación con la circunstancia ocurrida. Cuando se da una muerte que no se prevé, el orden anteriormente citado se altera para protegernos del volumen de dolor. Es como un mecanismo de defensa anestésico dirigido a fragmentar la realidad y disociarnos para así mantenernos en la supervivencia del pequeño búnker ajeno a la realidad irreversible. Conocer y entender los mecanismos de defensa que se dan en esta primera fase de impacto traumático nos va a ayudar mucho para la sana rehabilitación del trauma.

DUELO PERINATAL

Se llama así a la muerte del bebé durante el embarazo o en los momentos previos y posteriores al parto. Concurren al mismo tiempo el nacimiento y la muerte, por tanto, tendremos que atender matices específicos en el proceso de duelo. Por desgracia, en demasiadas ocasiones, los dolientes perinatales sufren la desautorización social por la pérdida. Ocurre también en las desautorizaciones sociales de muertes en personas de edad cuando parece que no podemos dolernos tras una vida vivida y tuviésemos que asimilar racionalmente al escuchar que ya era mayor y antes o después tendría que llegar la hora. O las muertes de animales con gran vínculo afectivo y poca comprensión, al tildar nuestro dolor como algo menor y no merecedor de comprensión y empatía. Las muertes de amantes, cuando no podemos manifestar socialmente la dimensión del dolor y parece que es disonante la proporción del dolor social, llevando también la muerte de forma clandestina, al igual que fue la relación amorosa vivida en la intimidad y disimulando. La muerte en contextos de minusvalías psíquicas, en los que pensamos que no se dan cuenta y les negamos la posibilidad de despedir a su ser querido por miedo a que tengan una crisis. Los abortos y la dificultad para hablar de ello por el estigma que aún existe socialmente.

Elijo el duelo perinatal como ejemplo concreto de dichas desautorizaciones sociales. Se cometen muchos errores al intentar ayudar a los padres dolientes y se añade más dolor innecesariamente. «Sois jóvenes todavía, ya vendrán más», «Mejor ahora que siendo mayores». No hablar e ignorar la identidad del bebé fallecido. Un conjunto de frases desautorizadas para una pareja rota por el dolor de la pérdida de su hijo en un momento de intensa ilusión por el nacimiento.

Tal y como repetiré a lo largo del libro, los consejos sin prospecto que se dan en los primeros momentos son contrafóbicos, es decir, calman más al que los dice que al protagonista doliente que los escucha. Denotan la impotencia ante semejante dolor y la negación evitativa como único instrumento frente al dolor inconsolable. No entendemos que las palabras consoladoras desautorizan la legitimidad de unos padres que lloran por la cuna vacía. Sus brazos ausentes de bebé crean un apego invisible y muy frustrante. Muchas madres que han perdido así a su bebé me decían que en las clases de preparación al parto no se había hablado de dicha posibilidad, pero desgraciadamente ocurre.

Cuando se da la mencionada pérdida, todo pasa muy deprisa como para asimilar lo que está sucediendo y en instantes hay que decidir sin estar preparados ni informados. Recuerdo una familia que al despedir en el tanatorio a su pequeña estaban tan afectados que ni tan siquiera la

fotografiaron para mantener viva su imagen para el recuerdo. Les frustraba no tener ninguna imagen de la niña. Al cabo de los meses recibieron una llamada del tanatorio y, disculpándose por la falta de intimidad, les dijeron que tenían una foto de la niña al sacarla en el velatorio. ¡Estaba tan bonita! ¡Lo sentimos por herir vuestra intimidad! La familia lo recibió como un inesperado regalo y recuerdo la emoción de ella enseñándome la foto de su hija con amor. En el proceso de duelo perinatal no es tan extraño sentir celos por otras familias que ya han tenido familia en fechas parecidas. Incluso las familias en duelo se cuestionan su propia ética al sentir el pellizco de envidia por el nacimiento de otras criaturas. Es una vivencia de profundo contraste al despertar toda la ilusión que también tenían y toda la desautorización e invisibilidad que están sufriendo en su proceso doliente.

A mis alumnos del Máster en Atención Temprana en la Universidad del País Vasco les hablo acerca de las familias que sufren pérdidas neonatales y de la importancia del buen manejo comunicativo en las primeras fases de la pérdida. Es fundamental para reconstruir un proceso saludable. Mencionar la posibilidad de muerte y aprender un proceder adecuado para tales familias es una tarea imprescindible para los sanitarios y educadores. El buen manejo de la información con las familias en las UCI pediátricas de neonatos es fundamental para un evolutivo sano de los posteriores proceso de duelo.

RELATO 12

Ella había perdido a su hija en el parto y vino a pedir ayuda con su pareja. La recuerdo con dolor y rabia. Aún le costaba salir a la calle en su pueblo porque prefería el anonimato. Venir semanalmente a la ciudad le permitía pasar más desapercibida. Trabajamos las difíciles escenas de trauma que tenía grabadas en su memoria. El momento del expulsivo fue un infierno y la noticia del fallecimiento era aún algo irreal. Entrar al cuarto donde ya estaban preparadas las cositas de su niña era una tarea imposible. Tantas ilusiones truncadas en un instante, y era tan grande el dolor contra todo que la vida quedaba en pausa. Transcurrió el tiempo y la invité a integrarse en un grupo terapéutico de mujeres. Llevaba tiempo intentando quedarse embarazada y no llegaba el momento de la alegría.

En el grupo estaba otra mujer que había perdido a su hijo en un atropello y se atormentaba por el sentimiento de culpa. Llevábamos varios meses de terapia cuando pensé en realizar un ejercicio que nunca olvidaré. La madre que perdió a su hijo estaba embarazada y mostraba falta de ilusión por ello. Aunque era un embarazo deseado, la culpa despertaba en forma de lealtad invisible hacia su hijo fallecido y se sentía mal por traer un nuevo pequeño al mundo. Yo la observaba en el grupo con el embarazo cada vez más visible. Por otro lado, la madre que perdió a su niña en el parto seguía sin poder quedarse embarazada y, aunque el grupo estaba bien cohesionado, vi la posibilidad de elaborar aquel asunto implícito entre ellas dos en presencia del grupo. Elegí una canción que previamente había trabajado con ambas madres en sus respectivos trabajos terapéuticos realizados con sus parejas antes de formar el grupo. Junté a las dos madres en el centro y rodeadas por nuestras miradas les pedí permiso para elaborar la emoción implícita a sanear. A la embarazada le di la consigna de recibir y no dar. Sentir cómo su compañera acariciaba su vientre vivo y permitirse recibir con consciencia vital y gratitud. La otra madre recibió la pauta de dar cariño y facilitar el permiso de acoger la vida de su compañera. Ella necesitaba conectar con la empatía de la alegría por ser madre. Todas nos emocionamos con el ejercicio y ambas se fundieron en un abrazo sonoro al finalizar la situación terapéutica.

Fuimos testigos de un momento sanador en el que ambas heridas fueron la medicina amorosa que las ayudó a transformar el dolor rabioso y culposo en aceptación cariñosa. El dar y el recibir en situaciones de pérdida traumática necesita ser elaborado internamente para poder así reconstruir significados hacia el exterior. Hoy en día, ambas mujeres han vuelto a ser madres e integrando a sus hijos fallecidos celebran la vida con alegría y en familia.

En conclusión

En las pérdidas perinatales coexisten dos de los acontecimientos con más potencia emocional de toda la vida: la ilusión del nacimiento y el dolor de la muerte al mismo tiempo. Por lo tanto, procuremos no menospreciar el dolor por la muerte de un bebé recién nacido al creer que es un duelo menor. Las cunas vacías son tan dolorosas como las sillas vacías, con el agravante de la desautorización social. Cometemos muchas torpezas con las personas en duelo por muerte perinatal. No intentemos ayudarles quitando hierro a su dolor. Les ayudamos mucho más dándoles la oportunidad de incluir en la comunidad social al hijo muerto, poniendo un nombre y presencia social para despedirlo, como se merece la muerte de un hijo. Honramos la vida respetando la muerte temprana.

DESAPARECIDOS

Las desapariciones generan muchas preguntas sin respuesta. La falta de información lleva a las personas a la especulación continua. La incertidumbre sobre lo sucedido no cesa y los rumores iniciales confunden aún más a los afectados. Al principio llamamos a los conocidos, dejamos el aviso en la policía e incluso llamamos a los hospitales para comprobar las urgencias. Nada, ni rastro de la persona que buscamos. Pasan unos días hasta que inician la búsqueda oficial si el desaparecido es mayor de edad. Mientras, los afectados permanecen con gran angustia y en búsqueda obsesiva de alguna pista que dé luz al agujero negro que se ha tragado a nuestro ser querido. Es increíble y no es ningún mal sueño.

La situación mencionada puede durar días, meses y hasta años sin tener noticias objetivas. Mientras aparecen sobresaltos con las pistas falsas que llegan, quiero creer con buena intención sobre el paradero del desaparecido. Psicológicamente es una verdadera tortura y el proceso de duelo queda en suspensión. La constatación de la muerte y la recuperación del cuerpo ayuda a iniciar el proceso de asimilación emocional de la pérdida irreversible. Transcurrido un tiempo, la persona comienza a admitir que el desaparecido no volverá con vida y los esfuerzos se concentran en recuperar el cuerpo como última esperanza.

En alguna ocasión he conocido casos en los que el padre desapareció al nacer su hija y no se supo más de él. Cuando la desaparición es un abandono, el sentimiento de repulsa y rechazo dejan una cicatriz de por vida en la pareja, los hijos y el entorno. En algunas ocasiones la tarea es aceptar el hecho del abandono e intentar enterrarlo en el olvido imposible. Pero desgraciadamente a veces hay algo que nos despierta el pellizco en el corazón que quedó sin aclarar e indagar en esas relaciones. No siempre el abrir esos cajones blindados es lo más sano para la víctima. Los terapeutas necesitamos respetar las decisiones de nuestros pacientes y no dejarnos llevar por expectativas idealizadas en la resolución de los duelos cronificados.

He querido incluir el capítulo de los duelos por los desaparecidos porque es importante dar visibilidad a muchas muertes que quedan en el anonimato psicológico y administrativo.

Muertes en la mar con el retraso consiguiente de trámites administrativos para recuperar los derechos de la familia. Muertes en la alta montaña y la imposibilidad de acceso al lugar del accidente. Desistir en el rescate genera un fuerte sentimiento de abandono y culpa en los familiares.

En ocasiones la persona desaparecida sufre algún trastorno neurológico o psiquiátrico y el peregrinaje de búsqueda se hace muy doloroso. Las desapariciones de menores sin dejar rastro y el enloquecimiento de los padres que dejan todo para buscar durante años alguna pista de su hija sin encontrar absolutamente nada. Las muertes violentas y con algún significado de violencia sexual dejan a los familiares en horror indescriptible. Necesitan encontrar el cuerpo para despedir dignamente a su ser querido, y a la vez necesitan hacer justicia con el agresor.

En tiempos de guerra se dan numerosas muertes en las que las vidas quedan sepultadas en fosas comunes, en el mejor de los casos, y la tarea de localizar algún resto que confirma la muerte es como encontrar una aguja en un pajar. Además, son innumerables los casos que se dan al mismo tiempo, por lo que la labor de rescate e identificación queda colapsada. La memoria histórica de nuestros antepasados es aún hoy una herida abierta en muchas familias.

Lo mismo ocurre en los desastres naturales, en los que miles de personas pierden la vida a la vez y quedan sepultadas por el destrozo infernal. Quien ha sufrido la pérdida de algún ser querido sabe muy bien de lo que hablo. El simple hecho de constatar la muerte y encontrar el cuerpo alivian el dolor de la pérdida irreversible. Pienso que no valoramos lo suficiente el dar un adiós digno a nuestros seres queridos y ubicarlos en un lugar concreto para recordarles con agradecimiento.

RELATO 13

Ocurrió un accidente en el que varios trabajadores quedaron sepultados por toneladas de tierra. La búsqueda incesante de los servicios de rescate no pudo obtener la ubicación de los cuerpos y las familias se sumieron en un profundo estado depresivo que se sumaba a la frustración y rabia por lo ocurrido. Alguno de ellos tuvo que escuchar de su entorno que vaya despliegue de medios para desenterrar un cuerpo que iban a volver a enterrar. En fin, qué fácil hablamos desde fuera cuando no estamos afectados emocionalmente y no somos nosotros las víctimas... Lo que quiero resaltar del caso es el momento en el que aparecieron algunos restos o corpúsculos de uno de los fallecidos. Las autoridades no aconsejaban ver aquellos restos y sugerían a la familia evitar la imagen traumática de aquella situación. Una de las familiares insistió y pudo acceder a los restos descompuestos. La reacción en ella, lejos de aumentar el trauma, supuso un profundo alivio. La dignidad de encontrarlo le permitió velar a su ser querido y honrarlo con dignidad y libertad. Escuchemos a los protagonistas en las situaciones límite. La sobreprotección no siempre es lo adecuado.

En conclusión

La constatación de la muerte y la realización de los rituales funerarios es una parte fundamental para el inicio del proceso de duelo. El arrope social en la fase de luto y el adiós compartido ayudan a que el proceso de duelo se inicie hacia la irreversibilidad. En caso contrario, y cuando no ha aparecido el cuerpo, la fantasía y el anhelo llevan a algunos casos a enquistarse en la reversibilidad de la muerte. No hagamos más invisibles aún los duelos por los desaparecidos. Hablar de ellos es una forma de incluirlos con justicia social para que así las familias no se aíslen de la temida pregunta social: ¿se sabe algo?

ENFERMEDADES E IRREVERSIBILIDAD

Las pérdidas irreversibles no solo son por muerte. Cuando nos diagnostican una enfermedad crónica e incurable, también pasamos por el proceso de un duelo que nos lleva desde la incredulidad inicial a la integración final para aprender a vivir con ella. La amputación de una pierna genera un fuerte impacto en quien lo sufre y también en su entorno. Muchos siguen sintiendo dolor neuropático y comprenden lo que significa el «miembro fantasma». Estas personas se preguntan cómo pueden sentir la pierna si está amputada. La labor de información y psicoeducación es de vital importancia para estas personas.

Podemos poner el ejemplo de alguien que ha perdido la vista y que tiene que aprender a mirar la vida sin poder ver con la nitidez visual de antaño. Hay personas que se hunden en la tristeza y dejan de salir solos a la calle. En cambio existen otras personas como la mujer que cada mañana me encuentro en la cafetería que está junto a mi consulta. Ella es ciega y desayuna todos los días aproximadamente a la misma hora que yo tomo el café. Pide su zumito de naranja recién exprimido, con café y tostadas con mantequilla y mermelada. Me enternece verla cada mañana. Saber levantarse después de un golpe irreversible en la vida debería tener más audiencia y visibilidad.

Quiero poner el ejemplo de una mujer sorda y que siempre me para por la calle. Tenemos una corta conversación gestual en cada ocasión, por breve que sea. A veces sobre el partido de la Real y en otras ocasiones sobre el tiempo. No hay día que no nos crucemos unas palabras en silencio verbal, pero con gran comprensión comunicativa. Los gestos, las miradas y todo el cuerpo hablan con información exacta. A buen entendedor pocas palabras bastan.

La actitud que tenemos ante lo que nos ocurra en la vida va a ser lo más importante para poder adaptarnos a una situación irreversible. No podremos cambiar lo que nos ha ocurrido, pero sí podemos elegir la actitud con la que lo afrontamos. Entiendo que es inevitable pasar tiempo en la queja y en la protesta porque no es nada fácil hacernos cargo de una situación no deseada. Y transcurrido un tiempo necesitamos confrontar a la persona para que pueda responsabilizarse de su vida y la dirija de forma consciente hacia donde le interesa construir. Reconstruir la pérdida de su trozo vital e integrar con humildad y dignidad, para poder seguir viviendo con ilusión.

Convivir con la enfermedad y el dolor no resulta una tarea fácil. En ocasiones la cronificación del dolor y la imposibilidad de saber cuándo cesará no hacen sino generarnos más dolor y ansiedad. La palabra aceptación me suena, a veces, demasiado osada ante las personas que han sufrido el diagnóstico irreversible de una enfermedad neurodegenerativa terrible como es el alzhéimer. Ver cómo pierden la memoria, la orientación, el sentido vital y sentir que nuestro ser querido ya no está en la mirada ausente de alguien robotizado es devastador. Acompañar a tu padre en un proceso así significa generosidad incondicional y necesidad de pedir ayuda a gritos porque es una enfermedad que desgasta muchísimo al entorno ayudador. La muerte que se da tras muchos años de cuidado diario a una persona con una enfermedad neurodegenerativa deja un gran vacío en el cuidador. Por un lado, aparece alivio por el cese de semejante sufrimiento y atadura, pero por otro lado, sobreviene una extraña sensación de vacío porque algo importante ya no está y nos habíamos adaptado a esa situación. Es como si la persona hubiese muerto dos veces. Una primera al caer enfermo y luego con la muerte física. Tomamos consciencia del tiempo que también nosotros mismos hemos dejado en el camino ante la enfermedad de nuestro ser querido.

RELATO 14

Lo conocí a punto de cumplir los sesenta años. Había sido una persona muy activa físicamente y su trabajo le había dado la oportunidad de viajar por el mundo. Él y su mujer construyeron una buena familia, de la cual se sentía satisfecho. Un fatal día, tras una intervención quirúrgica, quedó parapléjico. Vino a consulta en una silla con motor y acompañado de su mujer hasta la puerta. Le abrí y se despidió de ella. Quería entrar él solo. Así comenzó una relación terapéutica de lo más curiosa que recuerdo. Me contó que había estado meses en un centro especializado de Toledo y que la ansiedad y la falta de ganas para seguir adelante le habían llevado a tomar la decisión de venir a terapia.

Al principio, me narraba cuestiones de justicia y el proceso de reclamación al hospital. También se centraba en la búsqueda de medicinas para el dolor neuropático que lo atormentaba. En demasiadas ocasiones se sentía una carga y decía que había perdido toda la dignidad y que le tenían que limpiar hasta el culete. Me confesaba que a veces pensaba en arrojar la toalla. La ansiedad y el miedo le nublaban toda la vista de un futuro crónicamente incierto y muy limitado. Le horrorizaba ser tan dependiente y llevaba fatal el tener que pedir ayuda todo el rato para tantas cuestiones cotidianas.

Durante el trabajo terapéutico tuvimos que reconducir la rabia hacia la asertividad. Reorientar el enfado con todo el mundo hacia la energía para reconstruir tareas cotidianas. La rabia que en ocasiones volcaba sobre mí, no me la tomaba de forma personal. Sabía que formaba parte del trato y ambos aprendimos a modular el tono de reproche en ironía fina, hasta llegar al piropo del «Pero qué cabroncete que eres». Yo le decía que tenía dos opciones: o quedarse lamentándose y gritando por lo que tenía que haber sido y desgraciadamente ya no podría ser o decidía ponerse manos a la obra y ver qué podía hacer con todo eso. Él necesitaba saber que lo comprendía y no lo compadecía. Tenía que saber que me importaba y no era uno más. Empezó a ir a la pista de atletismo tres veces por semana. Uno de los ejercicios consistía en ponerse de pie sujetado por los brazos de un entrenador que le ayudaba. Detrás pusieron una colchoneta y una y otra vez tenía que dejarse caer hacia atrás para vencer el miedo y abandonarse sin querer controlarlo todo. Por las mañanas iba a desayunar a una cafetería de su pueblo en la que ya le dejaban reservado el periódico para leerlo sin prisa en la mesa ya guardada para él. Pudimos hablar de lo público y de lo secreto y se pudo abrir a una comunicación fascinante para mí y para él. Da gusto cuando un paciente viene realmente a contarnos quién es de verdad y deja de disimular intelectualmente.

Aún recuerdo el día en el que lo vi el segundo domingo de regatas en la Concha. Es un día en el que el puerto de Donostia está a rebosar de gente para ver a los remeros competir en las regatas de traineras en la playa de la Concha. Lo vi en su silla con motor cerca de la rampa del acuario sin poder pasar por la multitud. Al verlo, lo saludé y le pregunté: «¿Qué haces aquí?». Me dijo que le habían comentado el gran ambiente que había en esa zona y que quería disfrutarlo en el meollo de la fiesta. Nos reímos y nos dimos un cariñoso abrazo de cabroncete a cabroncete.

Por fin eligió la vida que aún sí podía vivir.

En conclusión

Las pérdidas irreversibles de salud son también procesos que requieren una adecuada elaboración. Saber que no podemos recuperar algún miembro del cuerpo o que ya no vamos a disponer de unas funciones es doloroso para quien lo sufre y su entorno. Las enfermedades neurodegenerativas son un buen ejemplo de ello. El alzhéimer deja profundas secuelas psicológicas en los afectados y su entorno cercano. La actitud que tengamos ante lo que nos ocurre nos ayudará a transformar la resignación en adaptación. Al igual que existen personas ciegas que aprenden a orientarse en la vida social aunque no puedan hacerlo como lo hacían antes.

Con la edad vamos haciendo sitio a pérdidas irreversibles en las funciones de nuestro cuerpo con las cuales procuramos adaptarnos de forma serena.

Con cada pérdida irreversible abrimos un espacio interno en nuestro yo adaptado a las circunstancias de nuestras vidas. Hacer un sitio a lo que nos ocurre sin quedarnos en la queja o en la protesta es un indicador de salud psicológica.

EL SUICIDIO SILENCIADO

La muerte por suicidio trae consigo un duelo complicado. La elaboración de los duelos en muertes sin avisar, con impacto traumático y de forma violenta para uno mismo son muy complejos para su posterior rehabilitación. Se trata de procesos de duelo complicados que requieren de atención especial por suponer un indicador de riesgo para la sana elaboración del proceso de duelo.

No quiero olvidar las tentativas de suicidio. No imagináis el estigma, vergüenza y sentimiento de culpa que acompañan a la persona y su entorno tras sufrir la crisis de sufrimiento que supuso la tentativa. Muchos se sienten reñidos, no entendidos y, lo peor de todo, fracasados por no haberlo conseguido. Hay mucho trabajo psicológico que hacer en estas personas y su entorno, además del tratamiento con psicofármacos, tras el ingreso hospitalario. La familia y el entorno también cuentan y necesitamos incluirlos en los planes de tratamiento. Hacer como que no ha pasado y evitar hablar de lo ocurrido es como pasar la escoba en la sala y guardar la porquería debajo de la alfombra.

Es decisivo saber manejar una buena información de lo ocurrido desde el inicio y no crear un relato paralelo al suicidio.

Hablar de la realidad objetivamente no va a aumentar la tragedia. Al contrario, disfrazar la trágica realidad puede generar especulación por falta de información. El proceso de autopsia psicológica para intentar procesar el trauma necesita de información desde los estadios iniciales. No hacerlo es, en sí mismo, una manera de enjuiciar pasivamente lo ocurrido. Nuestra responsabilidad es ayudar a elaborar el trauma y no a judicializarlo. Por un lado, los «por qué» necesitan encontrar causas para entender lo ocurrido. Y por otro lado, los «y ahora qué» nos ayudan a encontrar soluciones para sobrellevar lo ocurrido.

Las muertes por suicidio están demasiado expuestas a la rumorología social. Las víctimas deben ser protegidas de la estigmatización y culpabilización especulativa. Los supervivientes al trauma de perder algún ser querido por suicidio necesitan más que nunca la presencia de toda la tribu. El silencio impotente y el distanciamiento evitativo hacen más daño todavía a los dolientes. No ayuda el no hablar de lo ocurrido. Al contrario, crear una atmósfera de confianza para expresar las emociones ante lo ocurrido es muy saludable. Hacerlo es el primer torniquete emocional que evitará desangrarse a la víctima.

Nuestra impotencia ante semejante trauma nos hace pequeños y quedamos sin saber qué hacer. Evidenciamos nuestra necesidad social de alfabetizarnos ante crisis de semejante tamaño. La lección es aprender a estar presentes sin evadirnos por miedo. Necesitamos construir empatía social para ofrecer contención y comprensión, en lugar de silencio y abandono. No dejemos solas a las víctimas que sufren semejante dolor. No tienen ninguna enfermedad contagiosa y no entienden por qué cambiamos de acera en la distancia cuando les vemos venir. Ahora bien, tampoco tenemos que hacer de psicoterapeutas especializados al realizarles preguntas de indagación. Necesitan miradas empáticas y no compasivas. Miradas respetuosas y de frente, en lugar de miradas evitativas y comentarios a la oreja.

Familiarizarnos con el lenguaje del dolor y saber expresarlo adecuadamente facilitará la construcción de una narrativa saludable del trauma. El idioma del dolor ante lo irreversible e incomprensible forma parte también de la incertidumbre vital. Por tanto, es necesario no quedarnos en la edad del balbuceo y construir la capacidad para crear un relato. Un idioma que exprese el nudo de sensaciones, emociones y pensamientos, sin que nos desbordemos o paralicemos en comportamientos automáticos. Saber pedir ayuda y dejarnos cuidar es fundamental para una buena rehabilitación tras las mencionadas crisis.

Desgraciadamente, cuando la prevención no ha sido posible, necesitamos concienciarnos de la posvención. Es indudable que la posvención por suicidio necesita ser atendida y tratada socialmente. No hacerlo es maleficiente desde un criterio bioético y pedagógico. No atender la posvención es abandonar a la víctima en la carretera. No informar y ayudar a expresar la conmoción es cerrar los ojos por miedo. Ante una situación urgente, nuestra responsabilidad es no empeorar la crisis. Al igual que un cirujano atiende un grave accidente, sin plantearse taparlo con una venda o no intervenir, el psicólogo necesita drenar las emociones sin sentirse responsable del impacto previo del trauma. El dolor ya está, evitarlo ya no es negociable. No provocamos más daño al hablarlo. No somos responsables del dolor supurado, seríamos irresponsables si no ayudamos a drenarlo.

Somos la ambulancia medicalizada que va a evitar un daño mayor. La familia y el entorno escolar son los lugares de anclaje preventivo para evitar muertes por suicidio. ¿Y cuando se da en el contexto educativo? Entonces, la pregunta es: ¿cómo podemos estructurar todo esto en el aula?

El impacto para la comunidad educativa genera también conmoción en quienes deben dar respuesta rápida de contención. En mi experiencia supervisando a educadores, el problema no es tanto la falta de recursos pedagógicos para la intervención. La gran dificultad es sentirse sostenidos y autorizados ante la intervención. Les invade la conmoción y la inseguridad. No es tan raro que el primer movimiento sea evitar la falsa creencia de no sacar el tema como medida neutra.

Los educadores no saben de todo y menos de forma especializada ante semejante crisis. Cuando el educador se siente contenido y encuentra un punto de apoyo externo para su intervención, la metodología y el procedimiento no le resulta algo tan difícil. Saben que están haciendo bien y que son agentes de salud educativa. El problema es la falta de criterios establecidos al respecto. No existen protocolos sobre el tema y se genera confusión en las intervenciones espontáneas *in situ*. No saben a quién llamar. En ocasiones se han enterado el fin de semana y se exponen al lunes con pánico a la situación. Se sienten desprotegidos y desgraciadamente exigidos para intervenir a ciegas. Es necesario dotar a los educadores de soporte especializado para que realicen una intervención adecuada. No se les puede dejar solos en medio de un tsunami sin ninguna ayuda. No es propio de un sistema educativo puntero el abandonar a su suerte a un educador que hace como persona lo que buenamente puede. No tienen un servicio de urgencia que les ayude. No pueden llamar al 112 educativo y, por el contrario, les pedimos que sean la ambulancia medicalizada. Urge que tomemos conciencia de las áreas de mejora en nuestro sistema educativo ante las intervenciones en crisis postraumáticas. El educador puede dar contención, elaboración, entendimiento y esperanza a los alumnos necesitados de un referente adecuado a seguir. Es nuestra responsabilidad cuidar al cuidador y educar al educador.

La experiencia me dice que es fundamental abordar la posvención desde la honestidad y no desde el temor. Nuestra mirada amorosa en la intervención nos ayudará a crear drenajes integrativos ante la crisis. En cambio, la mirada temerosa nos llevará a poner urgencia y ansiedad, es decir, más miedo y enquistamiento ante el trauma. El atragantamiento inicial de la noticia nos impide ver con claridad los beneficios de la implementación de los recursos que tenemos a mano. Hacerlo es amoroso para la comunidad y no hacerlo es contagiosamente temeroso.

La intervención temprana es fundamental, como también lo es la comunicación con la familia superviviente para tener información directa y coordinar el manejo de los hechos en el entorno educativo.

El abordaje ha de ser sistémico e integrativo de los diferentes miembros de la comunidad. Siempre inclusivo y evitando la exclusión de los protagonistas. Los permisos y el respeto ante la intervención deben tener también en cuenta el criterio beneficente de la información temprana que evite males mayores. La información pormenorizada de los detalles de cómo murió son tan prescindibles como la narración de los vómitos de sangre en una muerte por cáncer de páncreas. ¿Para qué? Necesitamos proteger e informar. Las preguntas insistentes sobre el cómo sucedió son fracasos de nuestra mente al intentar procesar la información de unos hechos que no podemos integrar. Es importante considerar la edad cognitiva del menor.

Repito, la información evita la especulación.

El objetivo de expresar conjuntamente el sentimiento en el aula necesita, además de información, dinámicas que faciliten la expresión conjunta de las emociones. El procedimiento puede ser a través de la música, tormenta de ideas, cuentos, fragmentos audiovisuales... Después vendrán las palabras y comentarios. El aprendizaje ante lo sucedido viene tras el sentimiento y la expresión.

Es beneficioso que puedan participar activamente en los rituales de despedida. Las despedidas ayudan a tomar conciencia de la pérdida y comenzar el camino de duelo hacia el recuerdo agradecido.

Es necesario mantener un contacto periódico con la familia sin esperar a que se adelanten ellos. Necesitan percibir que nos hacemos cargo de la situación.

Ayuda a la expresión de pasajes biográficos de la persona fallecida y la reconstrucción de su autobiografía para elegir restituir su identidad. En las muertes por suicidio, a menudo peligra el eclipsamiento de la vida anterior.

Considero fundamental construir una pedagogía ante el sufrimiento de los supervivientes. Así, dotaremos de esperanza a la persona que se siente asustada y confusa ante un futuro que le agobia. A esto nos ayudará el contar casos o testimonios de situaciones que tengamos documentadas. La esperanza de sobrevivir es un objetivo fundamental.

Soy un defensor de la prevención del suicidio. Hablar del suicidio puede ayudarnos a evitar más muertes. En ocasiones, entender que el sufrimiento a solas puede tener esperanza y alivio, si lo compartimos con alguien, es un seguro de vida. Imagina una persona que al meterse en la cama y apagar la luz, fantasea con la salida suicida para el túnel del sufrimiento. Imagina que le podamos alumbrar con la linterna de esas palabras de esperanza que escuchó alguna vez. Fantasear esperanza, como el Papageno en la ópera de Mozart, *La flauta mágica*, es un buen antídoto a la anticipación catastrofista. Hablar de lo que tememos y no entendemos es sinónimo de una educación preventiva y saludable. Realizar planes preventivos sobre el suicidio desde la sociedad es una medida inteligente y beneficiente ante las estadísticas de muerte por autolisis. Necesitamos superar los mitos y falsas creencias sobre el manejo de la información sobre el suicidio. Son viejos tabúes que necesitan ser revisados y adecuadamente actualizados.

En definitiva, en la prevención del suicidio necesitamos reconstruir una pedagogía aristotélica (*paideia*) en aras de la persona y no del personaje, para así llegar a la autorrealización (*telos*). La deriva del joven en busca del ideal y sentirse reconocido por la comunidad en ocasiones le lleva a no autorrealizarse como persona. La presión grupal bloquea la necesidad fundamental que supone el sentirnos reconocidos e incluidos en la comunidad.

La persona se siente una persona acomplejada, mediocre y avergonzada. Está escondiéndose en la trastienda y queda esclavo del reojo exterior. El respaldo de la familia y los vínculos significativos son la mejor vacuna para evitar la muerte por suicidio.

Veneramos el escaparate identitario-social a través del cultivo perfeccionista. Así, denigramos nuestro yo real, humillándolo hasta el borde del precipicio. El proyecto de convertirnos en adultos consiste en aceptarnos como somos, también en nuestras miserias y no quieros, decidir mostrarnos a los demás siendo honestamente nosotros mismos. El objetivo sería mostrarnos con verdad, dignidad y autorrespeto, aunque no coincida con lo que esperan que seamos o quienes deberíamos ser. La integración entre la persona y el personaje de forma equilibrada ante el escenario externo es una buena vacuna contra la dictadura del personaje. Y si en la vida nos encontramos ante la tentativa de apretar el botón nuclear de crisis, podremos pulsar la renuncia al personaje enmascarado (egocidio) y elegir así a la persona que somos tras la máscara, para salvarnos del suicidio. Además, de esta forma, podremos construir nuevas máscaras si hace falta, pero si matamos a quien lleva la máscara, esta se cae al suelo y ¿quién queda?

RELATO 15

Era un hombre que se asomaba a la sexta planta de la vida desde los cincuenta y tantos años. Al parecer, no se encontraba bien y bajo el disimulo habitual de quien ya ha tomado la decisión de arrojar la toalla ideó y estructuró su final. Le costaba pedir ayuda y no era muy partidario de tomar psicofármacos porque le sentaban mal. Aquel día logró consumar su adiós en el bosque. Ya lo había intentado la víspera, pero una rama se rompió y le dio una oportunidad. Él fingió una caída en el monte al volver a casa. Desgraciadamente conocí su existencia cuando su familia empezó a narrarme su biografía. A las semanas de aquello pidieron ayuda terapéutica. Tenía dos hijos y el trabajo lo hicimos también con su mujer. Pienso que el encuadre sistémico y familiar ayuda a entender que el sentimiento se expresa de distintas formas, pero que juntos se entienden mejor. En las diferentes sesiones y durante los ejercicios de indagación aprendí a respetar los tiempos y las defensas para recordar algunos matices de la relación. Hay personas que están más tiempo en la rabia porque así se defienden, sin darse cuenta del agujero negro que supone soltarse a la inmensa pena del vacío irreversible. Entendieron que venían a sesión para que les ayudara a soltarse emocionalmente, y no tenían que preocuparse por protegerse entre ellos. Yo estaba para ocuparme de ellos y no al revés.

Ver la rabia, la profunda tristeza, la angustia, la obsesión del «y si hubiésemos…» tan habitual en las muertes por suicidio fue un trabajo artesano y que no se puede protocolarizar. Compartir pensamientos invasivos y escuchar gritos llorosos sin taponarse por miedo a hacerse daño entre ellos era mi propuesta de trabajo. El clima en sintonía comunicativa permitía un mensaje no verbal en el cual me miraban y escuchaban mi silencio empático como testigo de la descripción de los infiernos. Una y otra vez realizaban el rastreo de todo tiempo anterior en busca de alguna señal que diese sentido o explicación a tanta pregunta sin respuesta. Es imposible intentar realizar la autopsia psicológica sin tener información, ni herramientas, ni conocimiento de lo ocurrido.

Nunca intentaríamos autopsiar el cuerpo físico de un ser querido muerto, y es importante que dejemos también en manos expertas el análisis de tantos sentimientos desgarradores. Acudir al lugar, ver la imagen del final una y otra vez, detallar minuciosamente cada paso en las horas previas es como interpretar el estado de los órganos internos tras sufrir un derrame cerebral, no entendemos mucha cosa.

La familia necesita sostenerse en un espacio de ayuda relacional con calidez y calidad que le permita reconstruir significados. Prueba de ello, recuerdo cómo su hijo sentía una rabia obsesiva hacia lo ocurrido y la frustración le llevaba a fantasear impulsivamente con acudir al bosque donde se fue su padre y golpear el árbol. Nunca olvidaré cómo con el tiempo transcurrido en terapia, y avanzando en su trabajo de duelo ya en un encuadre individual, fue capaz de acercarse al bosque y abrazar al árbol dándole las gracias por haberle dado una oportunidad a su padre y dejarse amputar una rama. El camino del agradecimiento dio paso a la catarsis amorosa y dolorosa con su padre. El perdón le ayudó a perdonarse y la conciencia responsable le colocó en la presencia activa para la educación de su hijo de corta edad. Aprendió que cuando estamos sufriendo necesitamos pedir ayuda y saber dejarnos ayudar.

Egocidio

Quiero continuar describiendo lo que entiendo por «ego». Podríamos definirlo como la máscara que necesitamos construir para mostrar una identidad basada en expectativas idealizadas. Es decir, el poder identificarnos con unas cualidades que nos diferencien de los otros y a su vez nos hagan sentirnos alguien. El «ego» y el «ideal del yo» buscan ser el que esperan que seamos o el que idealizamos ser. En la construcción de nuestra conciencia psicológica, el ego nos ayuda a filtrar la realidad y también a poder identificarnos con unos rasgos de personalidad, referencias de pertenencia sociales y familiares. El ego no se podría definir sin tener en cuenta el entorno en el que se construye. Cuando el rechazo en la adolescencia y la falta de autoestima llevan a la persona a refugiarse en el aislamiento narcótico, se necesita reconstruir una idea de sí mismo que supere la falta de reconocimiento externo. Construimos una imagen social (ego) que dé sentido y seguridad vital. La construcción de dicha máscara es necesaria para la vida en el mundo cotidiano. Ahora bien, el desarrollo psicológico no acaba aquí y quiero apuntar alguna pincelada al respecto.

Hablar de egocidio nos sitúa ante la trascendencia del ego, y esto quiere decir «abandonarse al descontrol consciente» y, sobre todo, ver también al otro como sujeto. Es decir, evolucionar desde el egocentrismo para tener en cuenta a las demás personas. Existe el riesgo de entrar en este tipo de dinámicas cuando aún el equilibrio de la propia identidad está realizándose. La presión grupal escapatoria de la adolescencia es un ejemplo, o la búsqueda de atajos pseudoespirituales puede ser otro truco habitualmente utilizado ante la angustia vital. Algunas personas cambian el egocentrismo narcisista por una aureola de trascendencia espiritual en la que miran a los demás de arriba hacia abajo. Así pues, para que se dé el egocidio, previamente debemos tener una identidad construida y bien compensada. Entonces podremos hablar de trascender el ego. De esta manera seremos capaces de comunicarnos en un eje horizontal, esto es, desde la igualdad como seres humanos, y no en un eje vertical, es decir, desde el complejo o la soberbia. ¿Y cómo se articula la citada trascendencia?

Sabemos que el niño desarrolla el pensamiento mágico, y desde la fantasía concibe una creencia en elementos existenciales como los Reyes Magos, los héroes o las princesas de los cuentos. El problema es que no damos continuidad psicológica para desarrollar una ética madura. Sufrimos la falta de unos peldaños formativos que nos ayuden a encontrar un sentido a la vida más allá de nuestro ego. A menudo, surge la necesidad de hacerlo tras vivir una tragedia o una fase de angustia vital, entonces la persona se ve abocada a discursos hechos con frases solemnes que, en el mejor de los casos, les lleva a convertirse en devotos desarraigados o imitadores de Oriente. La falta de dichos peldaños no pasa exclusivamente por dar religión o no en las aulas.

La trascendencia del ego necesita de aprender a pensar desde uno mismo y enfrentarse a la angustia existencial de quiénes somos y dónde queremos encontrar nuestro camino en el mundo. La maduración de la creencia inocente e ingenua del niño requiere de los argumentos adultos para apuntalar la credibilidad de seguir viendo el mundo desde esos ojos.

La bondad como hilo conductor de nuestra conducta es una buena escalera para la trascendencia del ego. Aunque sea al menos como intención, porque todos somos seres humanos y, por tanto, con derecho a cometer errores y ser perdonados.

Imaginemos por un momento que en la negociación de un conflicto cotidiano somos capaces de tener en cuenta la petición del otro y «rebajarnos» ante las pretensiones de nuestro ego. Estamos seguros de que si ambas partes hiciesen lo mismo, el encuentro sería más posible. El orgullo y la venganza son los centinelas de muchos «ismos», dirigidos a mantener la hegemonía de nuestros egos. Si fuésemos capaces de entender que somos inquilinos de la vida y que no nos pertenece, cuidaríamos más de nuestra vida y la de los demás. Solo creemos poseer nuestro ego, pero, querido amigo, esto es solo una ilusión, la de creer controlar el mundo de mentira.

Por tanto, apostemos más por el «egocidio» y hagamos una labor preventiva del «suicidio». Las estadísticas recientes nos alarman ante el creciente número de muertes por suicidio y las tentativas.

En el año 2019 la muerte por suicidio ha sido la primera causa de muerte en España entre los jóvenes de quince a veintinueve años. El sufrimiento que muestran los datos es una razón suficiente para dedicarle más atención. Se están creando planes de prevención del suicidio. Los profesionales de la salud y la sociedad apelamos a crear un ambicioso y responsable plan general de la salud mental a nivel estatal. Atender el trastorno mental con la misma dignidad y recursos con los que se atiende el cáncer dice mucho de la madurez sanitaria que tienen nuestros departamentos de salud. ¿Veremos algún año la creación de unidades del duelo, al igual que existen unidades del dolor?

RELATO 16

Es un hombre que conocí cuando él tenía cincuenta y tres años. Acudía derivado del Servicio de Salud Mental y estaba tratado con psicofármacos. Durante muchos años había sido una persona muy activa y reconocida en su ámbito laboral. Convivía con su mujer y dos hijos de forma satisfactoria. Presentaba un cuadro depresivo grave y había tenido una tentativa suicida muy estructurada. Afortunadamente su familia se percató de las intenciones y pudieron llevarle a urgencias de psiquiatría para salvarle la vida.

En las sesiones que iniciamos los dos, tomé conciencia de la hipersensibilidad acusada que definiría una personalidad bloqueada ante los conflictos. Me contaba que había perdido su trabajo después de muchos años por el cierre de la empresa. Aunque era un hombre muy habilidoso y reconocido en su oficio, se sentía atemorizado ante el fracaso en nuevas tareas.

Me contó que tras quedar en el paro había tenido alguna experiencia traumática con compañeros de trabajo en la que se quedaba paralizado. Cuestiones que él manejaba de sobra quedaban sin resolverse por la falta de empatía externa y el exceso de autocrítica en el que caía de forma constante.

Nos llevó tiempo acercarnos a los pensamientos intrusivos que lo bloqueaban y relató experiencias de trauma cuando siendo niño el profesor le dañó hasta el punto de haberse sentido un zoquete o intelectualmente acomplejado. Hice algunas sesiones también con su familia para entender su contexto afectivo y observé que el escenario laboral le llevaba a una angustia espantosa en la que se hacía pequeño por el miedo al fracaso. Me contaba cómo en los momentos más delicados y angustiosos encontraba alivio en el sótano de la casa. Se tumbaba junto con los perros, que le daban calma y compañía. Siempre ha sido una persona muy cercana a los animales.

Le propuse integrarse en un grupo terapéutico heterogéneo en el que encontró personas que también habían sufrido alguna tentativa suicida y otro tipo de crisis vitales. Fue un acierto para él. Pudo comunicarse y emocionarse ante personas que también expresaron sus vivencias con sensibilidad y empatía. De hecho, simbólicamente se convirtió en el icono del grupo y puso el nombre de Excavadora al mismo. Lo digo porque tuvo la idea terapéutica de rescatar una vieja máquina del desguace y, sin tener experiencia en ello, supo repararla y ponerla en marcha. Se puso un reto y lo superó de forma resiliente. Aún guardamos un buen recuerdo de aquellas sesiones.

El egocidio nos genera esperanza ante el fallar y fracasar ante las expectativas. Nos podemos levantar y construir otros nuevos retos aunque no sea lo que esperaban de nosotros. Renunciar al ego nos generará alivio y libertad.

En conclusión

Las muertes por suicidio necesitan de ayuda especializada. Existen elementos de riesgo que conviene rehabilitar adecuadamente en la persona doliente para no generar un duelo patológico. El sentimiento de culpa y el estigma social se unen a la falta de respuestas ante la avalancha de preguntas que las familias se hacen a modo de autopsia psicológica. He intentado desarrollar el concepto de «egocidio». Me refiero a la otra polaridad del suicidio. Hago la distinción entre el personaje social o máscara que construimos identitariamente para ser queridos y reconocidos al adaptarnos a nuestras circunstancias vitales (ego) y la persona que somos y escondemos detrás de la máscara por miedo a no ser queridos o rechazados. No expresamos nuestra opinión con libertad y la dependencia o la necesidad de aprobación nos esclaviza en las relaciones asimétricas (yo). Por tanto, en el momento de crisis vital ante la tentativa de apretar el botón del final del sufrimiento vital, el egocidio es renunciar a la máscara y dar la mano a la persona humana que somos aunque nos sintamos muy pequeños y faltos de esperanza. Pedir ayuda y saber que alguien nos escucha y nos entiende es salvar una vida. Abogo por la prevención adecuada del suicidio y la necesaria posvención en los casos de muerte por suicidio.

TIEMPOS DE PANDEMIA

Por desgracia el número de muertes durante la pandemia ha sido brutal y las despedidas a nuestros seres queridos han quedado en pausa social. El proceso de duelo requiere del apoyo y sostén de la tribu. Dicho arrope ha quedado dificultado de forma presencial, y nos hemos adaptado a la tecnología para transmitir nuestro pésame. Además, en ocasiones parece que la estadística del virus ha eclipsado el nombre concreto de la persona fallecida. No ayuda el meter a todos los muertos por el virus en el mismo saco. Las familias necesitan dolerse dignamente y, para reconocer a su familiar, es necesario hacer su relato y no contabilizarlo como una víctima más de la pandemia. Es tiempo de hacer narrativas y relatos de las vidas de nuestros seres queridos que fallecen. Necesitamos crear una visión humana de la muerte personal en cada uno de los casos. Contarnos la historia que hemos tenido con nuestro difunto, porque así resucitamos la relación vivida juntos.

Esto se hace recordando los momentos vividos con él. Viendo fotos y grabaciones que guardamos. Haciendo un repaso de lo que nos enseñó en vida y que aún guardamos en nuestra memoria. Cogiendo en nuestras manos ese regalo que todavía guardamos y que nos hizo ilusionarnos. Oliendo alguna de sus ropas en el armario y que mantienen su esencia. Incluso, repasando las cuestiones que nos han quedado pendientes y necesitan ser perdonadas. Es conveniente transmitirles nuestro cariño y decirles «te quiero». No podemos olvidar la gratitud a bocajarro, por tantas y tantas pequeñas sensaciones que nos ha hecho sentir. Por todo lo que en nuestros corazones ha dejado antes de partir. Sugiero hacer también una comida pensando en su menú favorito y brindar por la vida disfrutada con él antes de decirle adiós. El adiós forma parte del duelo y nos acerca a la aceptación de la irreversibilidad. Desgraciadamente es así. No es conveniente quedarnos en la lealtad invisible del sufrimiento. Necesitamos decirle adiós para encontrarle en la sonrisa del recuerdo agradecido y entender que la vida aún tiene sentido. La muerte no puede robarnos la memoria de lo construido en nuestra relación. El confinamiento no puede negarnos la capacidad simbólica de despedir dignamente a nuestro ser querido. En nuestras manos está adaptarnos en la forma, para transmitir todo el contenido amoroso del mensaje. A buen entendedor, pocas palabras bastan.

Lo apuntado anteriormente lo podemos hacer por escrito y de forma individual, también se puede grabar un audio. Entiendo que podría ser de ayuda el poderlo compartir en familia, es decir, la familia nuclear y reunida en la intimidad del retiro casero. Y si todavía no había fallecido nuestro ser querido, hacerle llegar, a través de los sanitarios, una grabación o foto que recoja lo escrito anteriormente.

La familia es el campamento base, nos puede dar el apoyo y contención suficientes como sistema de apego seguro. Desde lo microsocial, que puede ser la familia, podemos situarnos ante tanta dispersión macrosocial que puede llegar a confundirnos con información confusa. Necesitamos sentirnos en pertenencia y los procesos de duelo son una oportunidad para fomentar lo microsocial. Los días de pandemia, curiosamente, veía muchas imágenes microscópicas de células en los laboratorios y me recuerdan a imágenes de telescopios que captan los movimientos del universo. Se parecen bastante en formas y movimientos. La visión sistémica de las relaciones humanas es una mirada apasionante.

No quiero olvidarme de los profesionales y las instituciones sanitarias. Necesitamos ayudar a quienes están ayudando en primera fila. Es terrible tener que dar diariamente la comunicación de tantos fallecimientos. Los profesionales de la salud mental estamos dando cobertura en la retaguardia, igual que el médico de campaña recibe a los heridos en el frente de batalla, y observamos estrés agudo, sensación de impotencia, vulnerabilidad y necesidad de expresar sentimientos que les inundan. Son las segundas víctimas. Sería conveniente trabajar con estas instituciones la posvención emocional de tanto *burnout*, para después tener en cuenta la prevención sanitaria. Cuidado con los cuidadores, ¡por favor!

Hemos escuchado tanta información que no la hemos podido asimilar. Veíamos imágenes que no podíamos procesar. El miedo aumentaba según pasaban los días y la ansiedad alimentaba una especulación constante. Perdimos la percepción del control sereno y las sensaciones cotidianas fueron sustituidas por la obsesión rumiante. Buscábamos información de forma incesante y la falta de armonía, espacio vital, válvulas de escape, contacto humano... estaba produciendo un estado de alerta general, próximo al estrés agudo. Un tercio de las personas intubadas en las UCI desarrollaron un cuadro de estrés postraumático severo. Estábamos en la oscuridad del túnel y sentíamos cómo el virus nos quería alcanzar por detrás a una velocidad imparable. La angustia se apoderaba de nuestra mente y miramos incesantemente los datos del desastre. Anhelamos ver una luz que nos indicara la salida del túnel. Necesitábamos poner el oído hacia el sonido tenue de la salida esperanzadora y no dejarnos inundar con la angustia del contagio.

En una situación de alarma global, también necesitábamos cordones sanitarios de esperanza que nos ayudaran a no sucumbir en el sufrimiento psicológico. Necesitamos confianza en el sistema de salud para sentirnos protegidos y no tantas opiniones divergentes. La falta de la mencionada confianza nos ha llevado a observar demasiados repuntes de ansiedad y cuadros de angustia debidos al confinamiento por el fracaso psicológico en la gestión de tanta incertidumbre. La afectación psicológica en las depresiones, el desbordamiento de los casos hipocondríacos, el aumento de fobias, obsesiones y trastornos afectivos, adolescentes con trastornos de conducta alimentaria... son ya una realidad cotidiana.

Es nuestra responsabilidad no aumentar el contagio del miedo. Se apoderó de nosotros el miedo al miedo. El ser humano aprende por observación e imitación, por tanto, es ahora más importante que nunca ofrecer modelos de afrontamiento saludable ante la crisis. Escuchar a personas que nos transmitan serenidad y esperanza creíble. Los verdaderos capitanes se muestran en las tormentas, que, por cierto, son los últimos que abandonan el barco. No aumentemos el miedo a las consecuencias del virus. No propaguemos un miedo colectivo que amenaza con aumentar las probabilidades de desarrollar trastornos psicoafectivos. ¿Cómo podemos recuperar la esperanza?

Recuerdo el sonido de las golondrinas en mi infancia. Era el preludio del verano y las vacaciones. Miraba por la ventana de mi clase y pasaban a toda velocidad con un trino agudo y juguetón. Comenzaban los partidos del campeonato de pala en el frontón y nos sentábamos con el polo de limón, mientras las golondrinas jugaban a ver quién llegaba antes a la esquina del tejado de enfrente. Escucharlas revoloteando alegres y con ganas de aprovechar la vida me conecta con sensaciones ilusionantes. Y aquí estamos ahora, con la necesidad de reformular un verano distinto y necesitado de esperanza.

El distanciamiento social nos protege del contagio al virus, pero cuidado con deshumanizarnos y acostumbrarnos a temer la presencia de otro humano. Necesitamos volver a la vida presencial. La protección no es sinónimo de desconfianza y fobia social. La prudencia en el contacto no significa obsesionarnos con rituales esclavos. Ahora hablamos de cifras de contagios, luego mencionamos datos de mortalidad y comenzamos a deducir devastación económica y psicosocial… Pero bueno, ¿quién demonios se va a atrever así a sonreír por la calle sin parecer ofensivo para los demás?

El sentido del humor no refleja una falta de consideración hacia la situación actual. ¿Acaso se nos niega también la ilusión y el entusiasmo? ¿El miedo, la tristeza o la rabia van a impedir también que escuchemos el sonido de las golondrinas?

Una vez escuché a un viejo maestro decir que nuestra actitud ante los hechos es lo que marca la diferencia entre vivir o sobrevivir. Sabemos que no podemos cambiar lo ocurrido y todavía estamos haciendo la digestión de semejante atracón. Aún no sabemos cómo serán las consecuencias y las recaídas, pero os aseguro que necesitamos más que nunca faros de luz que guíen nuestro viaje hacia la esperanza. ¡Basta ya de tanta información miedosa! Quiero escuchar discursos sabios y con frescura que nos estimulen y revitalicen. Estamos huérfanos de un liderazgo esperanzador y entusiasmo contagioso. Sonreír y querer disfrutar no es una ilegalidad ni una falta de responsabilidad hacia los demás. Incluso, aunque estemos en pena por la pérdida de algún ser querido, no es una ofensa a nuestros ausentes. Es honrar la vida y no robarnos un tiempo precioso que nunca más volverá.

Es tiempo de comer ensalada y melón o melocotón. Olemos a crema solar y sacamos las chancletas. Preparamos la tortilla para ir al monte, playa o piscina. Aprovechamos el día con luz para salir a dar un paseo después de cenar, o tomar algo tranquilos en la calle. Nos levantamos con tiempo y refrescamos la casa. Por la noche miramos al cielo y vemos estrellas que nos ayudan a pensar de otra forma, dejándonos llevar por nuestra imaginación. Hacemos planes que reservamos para esta época del año. Ponemos plantas en las ventanas y el color de nuestras ropas nos conecta con la ilusión de recuperar la infancia añorada. Pensamos en aquella camiseta que nos hacía sentir guapos y contentos al salir con nuestros amigos.

Quiero que me hablen de las golondrinas y que me ayuden a escucharlas entre tanto ruido. Necesito que me enseñen a concentrarme en oír el sonido alegre que también existe entre los ruidos del miedo. Me urge que me recuerden el sentido de la vida y la libertad con alegría para no enfermar en nuestro ánimo. Me deben un discurso hidratante después de tanta estadística traumática. Tengo derecho a que me rescaten hacia la confianza en la vida con los demás.

No pienso concederle al virus más parcelas de mi vida de las que ya ha condicionado hasta ahora, y no he cuestionado la información recibida. Reivindico nuestra mayoría de edad y la dignidad para no dejarnos infantilizar por la sobreprotección miedosa. Apelo desde esta ventana a reformular nuestra mirada suspicaz y transformarla en confianza y esperanza. Miro la vida y la oportunidad para saborear un año más el sonido de las golondrinas. Por mí y por todos aquellos que un día lo disfrutaron como nosotros. Porque la vida aún sigue teniendo sentido.

RELATO 17

Era marzo del año 2020 cuando recibí su llamada. Primero se puso en contacto la responsable de salud laboral del lugar donde trabajaba y me pidió atenderla en una situación de conmoción. Su padre fue una de las primeras personas que murieron por coronavirus. Su hija llegó a urgencias del hospital y dejó a su *aita* sin entender nada de lo que estaba ocurriendo, y mucho menos lo que faltaba por llegar. No pudo sostenerle la mano, no pudo decirle adiós, no pudo darle un beso de cariño y quedó con muchas preguntas sin respuesta. Tenía cuarenta y cuatro años y era hija única. Quedó confinada en casa con su madre, con alto riesgo de contagio y desenlace complicado. Le invadía la pena, el miedo y estaba totalmente angustiada. Decidí hacerme cargo del caso y pacté tener sesiones telefónicas ya que vivía en otra provincia y estábamos confinados. Estaba aterrada ante la posibilidad de perder también a su madre y el aislamiento protector se tornó en soledad abandónica. Eran tiempos en los que socialmente nos prohibimos acercarnos a las personas y dejamos abandonadas a su suerte a tantas y tantas personas.

La primera vez que intenté hablar con ella el dolor de las lágrimas no le permitió hilvanar una comunicación fluida. Con el paso de las llamadas y los ejercicios terapéuticos pudo ir construyendo el relato de lo ocurrido. La llamada terapéutica se convirtió en relación social para humanizar un duelo pausado y con gran incertidumbre. Teníamos dos sesiones por semana y las tareas entre sesiones daban sostén al trabajo rehabilitador. Con ella comprobé que la psicoterapia no presencial también puede ser eficaz en casos de dificultad presencial. El día en que pudimos vernos de forma presencial la palabra «agradecimiento» flotaba en el ambiente.

En conclusión

La pandemia ha dejado un número de muertes devastador. Muchos duelos aplazados por miedo al contagio y demasiadas estadísticas diarias de contagio y muerte. Hemos hablado mucho de las medidas higiénicas y preventivas del contagio y no hemos escuchado apenas nada de la gestión adecuada de los procesos de duelo. Nos hemos retratado como sociedad humana ante el dolor de las pérdidas. Aún no comprendo cómo hemos podido permitir como sociedad las muertes en soledad y la prohibición de acompañar a los familiares queridos en su último viaje. Somos una sociedad en duelo y pienso que la situación actual requiere una reflexión profunda de la atención profesional que otorgamos a los duelos. Por ello, he intentado dar unas breves pinceladas de ejercicios y pautas para honrar las muertes de nuestros seres queridos.

La infancia y adolescencia ante el morir

Con frecuencia estamos leyendo comentarios sobre muertes no deseadas en nuestra sociedad y también nuestros pequeños las escuchan. Actuamos con ellos como si fueran sordos, ciegos o estuvieran disminuidos en sus capacidades mentales. Quiero hacer especial hincapié en la educación como el espacio más importante para la integración de la muerte como parte de la vida. La muerte es el eco de la vida.

Sabemos con certeza absoluta que moriremos y que nuestros seres queridos morirán. Además, lo conocemos desde siempre y en diferentes culturas. Entonces, ¿por qué ocultamos la muerte? Quizás estamos perdiendo oportunidades para generar recursos de afrontamiento ante una crisis tan devastadora como nos está ocurriendo ahora con la pandemia.

Sin duda estamos en un momento de maduración social en el que también nos acercamos a quitar la venda a otro gran tabú. Me preocupa en gran medida el escaso tiempo que se le dedica a la muerte en la educación. Necesitamos crear una pedagogía del duelo, para que generemos los recursos necesarios y poder afrontar así las pérdidas en la vida. Y no me refiero a programas bien intencionados y pilotados por agentes externos al sistema educativo. Es tiempo de pandemia y ya es hora de que integremos en los proyectos curriculares de los centros educativos la asignatura de la consciencia del morir para un buen vivir.

A partir de los tres años, el niño comienza a utilizar el juego simbólico y a través de él simula también la muerte. Lo toma como un juego más y, por supuesto, no ha desarrollado aún la consciencia de irreversibilidad. Es decir, desde su omnipotencia mágica puede hacer que los muertos revivan una y otra vez.

Utiliza la imaginación y con ella va generando recursos para afrontar la idea de pérdida. Con una enorme riqueza, está sentando las bases sobre las que se asienta un apego seguro que acepte los desapegos de la edad adulta.

En la infancia las ideas se expresan en un código comunicativo que es diferente al de los adultos, pues no se ha desarrollado aún la capacidad de abstracción. La base fundamental del aprendizaje en los niños es la observación y la imitación. Depende, por tanto, de nosotros la idea que nuestros pequeños vayan a tener sobre la muerte. Si proyectamos nuestros miedos en ellos, les privamos de la oportunidad de generar recursos propios.

Una madre me decía que su hija de cinco años le preguntó con mucha angustia si ella iba a morir. Al decirle que sí, comenzó a llorar y le decía que no quería que se muriera. Comento el caso para explicar la necesidad de la niña. Está pidiendo ayuda para comenzar a digerir algo que es muy indigesto. Hablarle que eso no va ha suceder pronto, transmitirle comprensión en su angustia, no cerrar evitando el tema y, sobre todo, preguntarle más para que pueda expresar su angustia y acogerlo desde la validación de su sentimiento son estrategias que ayudarán a esta niña.

La dificultad viene cuando nos sentimos impotentes para dar respuestas que nosotros mismos no hemos encontrado para nuestras angustias sobre la muerte. Es entonces cuando inoculamos en ellos la negación como defensa que tape la angustia. ¿Cómo actuar entonces?

Me voy a permitir el sugerir algunas pautas que orienten al respecto:

- Escuchar siempre las preguntas de los niños. No interrumpir con nuestros temores.
- Hacerles partícipes en los rituales de duelo siempre que lo quieran y a su manera (un dibujo, una flor...).
- Informar siempre hasta donde el menor pregunte.
- Evitar mentirles y no darles falsas esperanzas.
- Favorecer la expresión de emociones (cuentos, música, dibujos...).
- Hablar con claridad de la irreversibilidad de la muerte.
- Aprovechar momentos vitales de pérdidas cotidianas para no ocultar el dolor de la ausencia. Por ejemplo, no sustituir el pez muerto en la pecera antes de que se den cuenta los peques de casa, el destete y la congruencia ante los berrinches.
- Construir un álbum de la biografía del fallecido que esté repleto de detalles y anécdotas, así como fotos, canciones, entradas de conciertos, colonia preferida... Es un buen apoyo para, a través de la imaginación, reconstruir la identidad del fallecido. Porque siempre tendremos un padre aunque esté muerto.

Compartir las emociones y ayudar a expresarlas es el mejor antídoto ante la posibilidad de crear enfermedades más graves en las pérdidas significativas. No es justo que por nuestro miedo, tengan que inventarse una explicación imaginaria que dé sentido especulativo a la crisis. A menudo es más nociva la fantasía, pues está poblada de sentimientos de culpa por sentirse excluidos de la información. Una explicación real y adecuada a la comprensión del niño, resulta mucho más terapéutica.

La edad de los menores influye en la capacidad de expresar lo que sentimos, pero no así en nuestra capacidad de sentir las pérdidas. Aunque antes de los siete años no hayamos desarrollado el pensamiento abstracto y, por tanto, no podamos comprender la irreversibilidad, el impacto de la pérdida queda grabado a fuego en nuestro cuerpo y emociones. Es lo que yo llamo lo sentido no pensado. Los trabajos desarrollados por Bernard Aucouturier y la psicomotricidad alumbran una eficiente manera de atender el impacto del duelo en nuestros menores.

Familiarizarnos con el adiós en la vida desde pequeñitos nos enseñará a crecer conscientemente y no sobreproteger a la infancia porque nos resulta difícil ver su frustración y sufrimiento. Con cada adiós aprendemos a integrar las pérdidas como parte de la vida. Esto es inherente a la vida y cuanto antes lo aprendan en situaciones cotidianas con el arrope de su familia, más preparados están para la vida real. El destete en la lactancia es un buen ejemplo.

Perdemos el vínculo íntimo que no es reversible de la misma manera aunque nazca otro hermanito y pensemos en volver a darle para que no sufra por celos. Cuidado al confundir a los menores con el concepto de irreversibilidad. De la misma forma es importante estar en los límites que ponemos a nuestros hijos y no ceder ante los berrinches. Desgraciadamente, cuando algún ser querido muere, por mucha rabia y protesta que expresemos nunca volverá.

El paso a la pubertad y adolescencia coincide a menudo con una manifestación más rabiosa en los procesos de duelo. Pensamos que las lágrimas son sinónimo de un buen duelo y no siempre es así. Los gritos forman parte también del dolor por la pérdida de un ser querido. Necesitamos entender y atender los duelos en la adolescencia, y una buena idea para ello podría ser formar grupos de duelo en los adolescentes que han perdido a hermanos. Es una maravilla observar la apertura cómplice de emociones que se da en este tipo de contextos terapéuticos.

Cada vez con mayor asiduidad, llegan a consulta personas aquejadas de duelos patológicos o pérdidas no elaboradas adecuadamente. Fabricamos mecanismos que nos defienden ante la idea de morir. Tenemos pruebas de ello con las cajetillas de tabaco, los accidentes de coche... Casi siempre pensamos que con nosotros no va la cosa y, simultáneamente, escuchamos estadísticas que nos dicen lo contrario.

De esta manera comprendemos la potencia de nuestra negación como mecanismo de defensa. Posiblemente vivimos de cara al acumular, y en este proceso no entendemos aún que las pérdidas también cuentan. Solo lo hacemos cuando llega la crisis y nos encuentra en «pañales».

Recuerdo cuando trabajando en un hospital, murió una mujer en la unidad de cuidados paliativos. En esta unidad era habitual la muerte y cada día moría alguien. Pues bien, murió y alguien del equipo salió a pedir que se despejaran los pasillos y entraran todos en las habitaciones. El objetivo era no ver el cuerpo en el trayecto tapado con una sábana hasta el depósito. Pregunté: «¿Por qué?» Y su explicación fue la de evitar anticipar la angustia de morir.

Comprendo esta explicación y entiendo que es un acto de buena voluntad. No comparto la acción, y desde mi entender este hecho simboliza claramente la conspiración de silencio con la que miramos la muerte. No tapamos la cara ni pedimos a los familiares en el pasillo que se metan en las habitaciones cuando llega una camilla con el enfermo quejándose de dolor o demacrado tras la operación.

Alguien puede pensar que estoy idealizando el sentido existencial de la muerte, que pretendo ahuyentar el miedo. También habrá quien piense que de alguna manera pretendo racionalizar el dolor que la muerte nos produce, analizándolo de forma romántica. No. Sé que escribo sobre un tema que nos conecta con despedidas, sufrimiento y vacío. Precisamente por esto necesitamos pensar y hablar sobre un hecho ineludible en nuestras vidas, también antes de que ocurra.

Ya es hora de dar a la muerte el lugar que tiene en nuestra cultura. Sabemos que en otras culturas consideradas «primitivas» lo hacen y esto les ayuda espiritualmente para generar esperanza. Necesitamos desarrollar o «recuperar» un patrimonio cultural que dote de sentido a la muerte.

Debemos entender las «estelas funerarias» como símbolos y referencias culturales que nos sirven de recuerdo del ser querido. Son las piedras talladas que ancestralmente hemos colocado sobre el enterramiento de nuestros muertos. Estos serían los puentes emocionales que construimos para comunicarnos con nuestros seres queridos. Son objetos, anclajes íntimos que tienen una enorme importancia para una adecuada elaboración de las despedidas. Además, es un comportamiento primitivo que ya lo realizaban nuestros antepasados de diferentes culturas.

Los rituales funerarios están muy relacionados con estas «estelas» y estoy convencido de la función preventiva que psicológicamente ejercen en nosotros. Es una manera de honrar y despedir a nuestros seres queridos con dignidad y agradecimiento. Lápidas, árboles, cruces... son signos de respeto funerario.

Invito desde aquí a recuperar estos rituales, adecuarlos a nuestras propias costumbres y utilizarlos en nuestro beneficio. No me refiero a encorsetarnos con costumbres que nos mantengan en el dolor como mártires indignos de alegría. Me refiero a esas sencillas costumbres familiares, sociales o personales que nos ayudan a recordar con cariño y agradecimiento a nuestros seres queridos. Por desgracia escuchamos muy a menudo noticias de asesinatos y muertes no deseadas en nuestro contexto más cercano. Nos vemos obligados a explicar y dar sentido a algo difícil de entender.

La muerte es una realidad que difícilmente nos deja indiferentes. Cuando alguien querido muere, sentimos un escalofrío que nos devuelve en seco a la realidad. Nos preguntamos por qué y sin darnos cuenta pretendemos restablecer el «antes» de este hecho. Nuestra mente se esfuerza obsesivamente en reencontrar una realidad perteneciente al pasado. En estos momentos, necesitamos ayudar a crear un nuevo espacio. Un sentido de vivir que posibilite un «después» y nos ayude a integrar las pérdidas.

Cuanto mayores pilares sustentemos en la vida, más sólida será la esperanza de reconstruirlos también tras la muerte.

RELATO 18

Ella estaba en la pubertad cuando su hermano mayor murió en un accidente de tráfico. Ocurrió un día de verano estando de vacaciones en el pueblo con su familia. Recibieron una llamada notificando el accidente y vagamente recuerda el viaje de vuelta con la parada de descanso. Era un silencio inundado de emoción en una noche de especulación porque no le informaban con concreción. Recuerda la oscuridad entre las calles del pueblo y los gritos acercándose a casa. El resto fue muy difuso y distanciado. Se construyó la disociación inicial que dio paso a la evitación del dolor y el duelo congelado.

La conocí en consulta catorce años después. Narraba una pérdida significativa y la dificultad emocional para dar contención a lo que ocurría. Además, la angustia se había disparado y la ansiedad no le dejaba estar regulada. Volvieron las obsesiones existenciales sobre el final y la angustia del nihilismo. Le atormentaba pensar en la muerte como el final irreversible e imparable que nos acecha sin avisar y a cualquiera en cualquier momento.

La fobia se apoderó de ella hace tiempo para ir a dormir. Desde hace muchos años pasaba noches en vela, en las que jugaba a lo que fuese para no quedarse dormida y correr el riesgo de no despertar.

La recuerdo en una narrativa inicialmente bloqueada emocionalmente, y a medida que conectamos con las emociones disociadas que volvían a despertar gracias al acontecimiento doloroso del presente, pudimos trabajar lo sentido no pensado que había congelado en su autobiografía. Acercarse al vacío y sentirlo le ayudó a digerir la ausencia, el miedo a la pérdida y la parálisis vital. Aún recuerdo su tendencia a ausentarse cognitivamente cuando nos acercábamos a temas difíciles. Es como si perdiese la atención y su mente buscara otros motivos para pensar y evadirse.

Tras un trabajo individual continuado le propuse un cambio de trabajo terapéutico en un grupo heterogéneo con pacientes en busca de armonía y satisfacción vital. Antes de integrarse en el grupo, ella pudo realizar un proceso de duelo rehabilitador con su familia en el que se acercó a la despedida consciente e inclusiva con sus padres. Fue un trabajo hermoso para ella y sus padres. Al recoger un libro sobre el tema que tenía su madre y empezó a leer, vio en un papel escrito mi nombre y dirección. Le preguntó a su madre y le dijo que era el nombre que le habían dado cuando murió su hermano. La miró y con una sonrisa le comentó: «¡Pero si es el psicólogo con quien estoy haciendo terapia ahora!». Casualidades de la vida. El trabajo grupal le ayudó porque el juego de identificaciones proyectivas y el eco de pensamientos compartidos fue creando en ella el relato armonizado del sentir, pensar y luego hacer.

EN CONCLUSIÓN

La infancia es el mejor escenario para aprender a integrar y tolerar la frustración de las pérdidas. Hacerlo de forma didáctica antes de que ocurra la muerte de algún ser querido es de gran ayuda para los posteriores procesos de duelo que van a tener en el ciclo vital. La irreversibilidad se aprende desde el destete y la pérdida de objetos significativos. Son oportunidades para hacer sitio a lo que no se puede recuperar. Tendríamos que vaciar los desvanes con los pequeños, en lugar de acumular cosas y perder la oportunidad de trabajar el desprendimiento y el desapego.

Los menores no son tontos y cuando alguien de la familia muere, necesitan ser incluidos e informados de lo que ha ocurrido. No hacerlo es perjudicial para ellos. Dependiendo de la edad cognitiva en la que estén, diseñaremos formas diferentes para que participen en el adiós a sus seres queridos. Incluirles en los rituales de despedida es algo beneficioso para la salud psicológica de los menores. Son nuestros miedos adultos los que proyectamos en las miradas de nuestros menores. Si desde pequeños aprendemos lo que significa la muerte y conocemos las reacciones normales que tenemos en el proceso de duelo, estaremos preparados, como la persona que se pierde en el monte en un día de espesa niebla cerrada. Nos movemos para encontrar una marca que señale el camino. Al encontrarla nos tranquilizamos porque sabemos que el camino sigue el trayecto marcado.

Es Navidad y hay sillas vacías

En Navidad, el recuerdo de los ausentes en la reunión familiar aviva el sentimiento de pérdida. Las familias no saben muy bien qué hacer ante el dilema de celebrar algo cuando no hay ganas de celebrar nada. El ánimo no está para festejos y el contraste de lo que fue la Navidad, pero que ya no es, se junta con el clamor mediático de una Navidad dulce y tierna. Sentimientos encontrados, alegría externa y profunda tristeza interna. A menudo escuchamos el deseo de llegar al 7 de enero y pasar estas fechas. En primer lugar, subrayo el respeto a todas las familias que intentan afrontar la Navidad lo mejor que pueden y saben. El hacerlo por los pequeños de la casa, el ir a Benidorm hasta que pase todo, el cenar solos en casa como un día más sin ir a la reunión familiar o el brindar en honor también a nuestro ser querido... Todas las maneras configuran la libertad humana de vivir la vida.

En psicología sabemos que el sentimiento de culpa está muy presente en la mayoría de los procesos de duelo. El sentimiento de sufrimiento y tristeza brota de una forma más permitida que la alegría y así parece que somos más fieles y leales al dolor de la ausencia de nuestro ser querido. Es como si le quisiéramos más desde el dolor o, incluso, como si estuviésemos más cerca de ellos desde el intenso sufrimiento.

Quizás nos sentimos raros y hasta culpables si sonreímos y hablamos de otras cosas, creyendo por ello que deshonramos al ausente. El sentirnos mal por sentirnos bien. El luto visible y la censura sutil hacia la alegría compartida en la mesa no es el camino más saludable. Al renunciar a la sonrisa, renunciamos también a que podamos recordar desde la alegría a nuestro ser querido. Yo me moriré y apareceré como un fantasma a través de tu sonrisa, buscarme en esa sonrisa libre y digna como ha sido mi vida y entenderéis el significado del recuerdo agradecido. En el duelo es fundamental darnos permiso para seguir viviendo lo mejor posible y poder así reconstruirnos dignamente. Los permisos que nos concedemos para abrirnos a la alegría no significan ofender ni abandonar a nuestros seres queridos, sino lo contrario, es el ejemplo a seguir para convertirnos en referencia de cómo queremos que el mundo recuerde a nuestros seres queridos, sin tener que evitar hablar de ellos por temor a que nos angustiemos al hacerlo.

La Navidad es tiempo de esperanza y en ocasiones la esperanza la unimos con creer en la posibilidad de aprender a llevar el dolor con humanidad y darnos licencia para aliviarlo con sonrisa y alegría. Cuando nuestro corazón está invadido por el dolor, el mejor desatascador es volver a abrirlo al cariño que recibimos por nuestros semejantes, para así volver a darlo a los demás y sentirnos más en paz. Abrirnos a la sonrisa entre lágrimas es sinónimo de salud y de responsabilidad en el proceso de reconstruir una Navidad con esperanza y alivio.

Estamos en fechas de nostalgia, de familia, de cariño, de sueños, de ilusiones y de fantasía. Muchas personas se sienten solas. Y sufren por ello. Cuando la soledad no es elegida nos sentimos abandonados e invisibles ante las reuniones familiares del entorno. Son fechas muy dolorosas para aquellas personas que han sufrido pérdidas, pues la ausencia se hace, si cabe aún, más notable. Pasa que el escenario que montamos es propicio para la unión y yo me pregunto, ¿qué pensará la madre que ha perdido a un hijo cuando vea el anuncio del turrón y la canción de «Vuelve a casa, vuelve por Navidad»?

Al escuchar mi intuición y estar seguro del fondo y no tanto de la forma, recuerdo el día en que expliqué a mis hijas quién era Zaintxo (amigo guardián). Les pregunté: «¿Sabéis quién es Zaintxo?». Y me contestaron: «No, ¿quién es, *aita*?». Esto es lo que les conté:

«Zaintxo es alguien que está en todo momento con nosotros y aunque no lo podemos ver, sí lo podemos sentir y escuchar». Cogí su mano y la puse en mi corazón. Le dije: «Sientes a Zaintxo?». Cogí su mano y la puse en su corazón y después en el de su hermana y en el de la *ama*. Está en todos nosotros y además cuando más miedo tenemos, más fuerte nos dice que está con nosotros, más alto nos habla y nos ayuda a estar más tranquilos. Podemos entenderlo como taquicardia-ansiedad o como un grito amigo.

A los cinco años el pensamiento mágico domina la inteligencia del niño y aunque luego no lo perdemos, sí lo atrofiamos. Ver su rostro de sorpresa y magia fue bonito. Por la tarde, con sus amigas, el poner sus oídos en los corazones de las demás les confirmó que efectivamente Zaintxo estaba en todas...

A las semanas de aquello, cuando estábamos bañándonos en la playa, vimos cómo un delfín muerto se acercaba a la orilla ante la sorpresa de todos los que estábamos allí. Se hizo un corro de gente y mientras venían a rescatarlo, Ane me preguntó por el Zaintxo del delfín.

Tragué saliva sonriendo y pensé: «¡Esta es una buena oportunidad para hablar de la muerte y la esperanza!». Le dije que cuando nos morimos nuestro Zaintxo ya no está en nuestro cuerpo. «¿Y a dónde se va, *aita*?», preguntó. «Pues no sé muy bien, Ane. Me gustaría creer que cuando alguien se muere, Zaintxo se va a todos los Zaintxos de los que le querían, sus amigos y familia serán el lugar de acogida. Así, cuando nos acordamos de los muertos, podemos entender que es su Zaintxo el que se expresa en nosotros». Me miró y me dijo: «¡Ah, entonces el delfín estará con los otros delfines en el mar!». A lo que le respondí: «No sé, Ane, pero igual es como las olas de la playa que mueren en la orilla y se juntan en el mar».

Cuando intentamos dar una explicación de la muerte buscamos encontrar un después, y bien es cierto que quizás es una construcción de nuestro ego para seguir existiendo, y también es verdad que ante la última despedida surge la duda. Lo llamativo del asunto es la frecuencia con la que recurrimos a un después, cielo o estrella a la hora de explicar la muerte de un ser querido a los niños. La realidad de la ausencia en primer lugar y luego la creencia que tengamos en la familia, pero en ese orden. De lo contrario les negamos la posibilidad de integrar la ausencia irreversible.

Recuerdo la Navidad de mi infancia con cariño. En Santa Lucía veíamos los caballos y los capones en la plaza. Oíamos a los charlatanes vendiendo la fila de ocho turrones y comprábamos manzanas reineta. Ponían el árbol en la plaza del ayuntamiento y lo decoraban con bombillas de muchos colores. A mí me gustaban las azules y de noche era mágico. Al *aita* le gustaba poner el nacimiento y juntos íbamos a buscar un arbolito que colocábamos al lado del belén con luces y figuras de color. Yo ponía un puentecito sobre un arroyo cerca del pesebre. Nos pasábamos un sábado entretenidos mi hermana y yo con el *aita*, mientras la *ama* nos preparaba una comida rica. Cuando cogíamos las vacaciones jugábamos con tiempo y todos veíamos lo mismo en la tele porque solo había un canal y el UHF apenas se sintonizaba. Hacía frío y jugábamos en la nieve en el prado enfrente de casa con las manoplas, que apenas nos dejaban hacer bien las bolas. El día de Nochebuena mi hermana y yo solíamos cantar por algunas casas. Recuerdo que nos daba vergüenza y no nos sabíamos muchas canciones, pero no olvido las caras de alegría al llamar a los timbres. Nos daban caramelos o dinero para la cesta de mimbre que llevaba mi hermana en la mano e íbamos los dos de la mano. La cena de Navidad era una oportunidad para reunirnos en familia y la casa olía a compota, champiñones y cordero asado. La chapa de la cocina económica estaba llena de pucheros y por la noche calentaban el ladrillo para tener *goxos* los pies en la cama. La comida de Año Nuevo la celebramos en casa de la *amama*. La mesa del comedor nos acogía a todos y de fondo estaban los saltos de esquí después del concierto de Año Nuevo. La noche de Reyes era mágica. Con cinco años Baltasar me trajo mi primera bici. Era una BH amarilla con cuatro ruedas. La víspera, en la cabalgata, y viendo a los pajes con las antorchas, el *aita* llamó a uno que me cogió y subió en brazos hasta el caballo del Rey Mago para que me diera un beso. Estaba feliz y todo estaba bien, el único trabajo era disfrutar y soñar con ilusión.

    Recuerdo las Nocheviejas de mi juventud con fiesta y excitación. Todos nos felicitamos con dos besos y aunque apenas hablamos durante el año, esa noche sí. No teníamos móviles y no nos mandábamos vídeos ni mensajes. La noche era corta y algunos aprovechamos para subir a Irimo al amanecer para tomar un caldito caliente en la cruz y ver a gente que durante el año apenas habíamos visto. Me gustaba la sensación de ver el pueblo desde arriba entre la niebla y empezar el año con nuevos propósitos. Al igual que la víspera por la tarde, daba una vuelta por Antigua con mi buen amigo para comprar pan casero en Sagaspe y hablar tranquilamente. En ocasiones las vacaciones eran para estudiar los exámenes de la uni que estaban cerca y más tarde apurábamos algún viaje para llegar a casa y estar con la familia a tiempo. Todo estaba bien y la vida tenía un ritmo intenso y mucha curiosidad social.

Recuerdo cuando eran mis hijas las que empezaban a disfrutar de la Navidad. Se nos caía la baba al acompañarlas con el Olentzero y ver sus miradas de ilusión mágica. Era tiempo para estar en casa y visitar a amigos, así como para preparar el árbol con el nacimiento junto a ellas y hacer un viajecito en familia para ver el ambiente de Navidad fuera de Donostia. El tiempo se nos pasaba muy rápido y siempre me gustó compartir con ellas muchas de las cosas que hice de pequeño con mis *aitas*. Mi chica y yo hemos disfrutado muchísimo con ellas desde el talo con *txistorra* en Santo Tomás hasta los tambores en San Sebastián. Qué gozada correr la San Silvestre con ellas y sacarnos la foto que nunca olvidamos. Las canciones de la Rafaela y las Nochevieja con alboroto. También el canturreo con Oskorri y el *aitona*. No faltaban las partidas al *puntxu* y los seises con la *amona*. Luego han venido sus salidas y las amigas en la adolescencia, esquiar y apurar exámenes, salidas nocturnas y pequeñas preocupaciones, exceso de mensajes con el móvil y acompañarlas a comprar el roscón de reyes. Siempre le tocaba a la *izeba* el muñequito y decíamos que le daría suerte.

¡Ah!, y no me quiero olvidar de los conciertos con la otra tía, todo un lujo. Todo estaba bien, y la vida pasaba rápido.

Quiero construir el recuerdo de una Navidad que nos ayude en un año difícil. A mis cincuenta años me han vuelto a regalar una bici y me he ilusionado como el niño que fui. Aún no he perdido aquella mirada inocente que en años atrás me ha hecho sentir ridículo, y en cambio ahora me siento afortunado. La pena es que ahora soy huérfano y ya no tengo el cariño de mis padres. Han pasado muchas cosas este año y todavía no he digerido ni la mitad. Todo es muy surrealista y el horno no está para bollos. Hay mucha gente con dificultades, miedo y tristeza. La situación sanitaria es la prioridad. La situación económica es la prioridad. Y la situación psicológica es urgente, porque cuando hemos perdido la salud mental todo nos da igual y nada nos importa.

Quiero recordarnos que en nuestras manos está el cómo vayamos a recordar la Navidad de la pandemia y aún estamos a tiempo.

Somos, porque fueron, y seremos porque somos. Ojalá nos demos el permiso de recordar también con una sonrisa y un pequeño brindis a las personas queridas que nos enseñaron a querer la Navidad. Hacerlo no es olvidarlos, y en cambio sí es darnos el permiso de vivir con ilusión.

RELATO 19

Ella vino a consulta con su marido antes de Navidad. Tenía cuarenta y cuatro años y dos hijas. Sabía que el cáncer se había esparcido y no le quedaba mucho tiempo. «Ayúdame a preparar la despedida con mis hijas», me dijo, quiero poder estar para consolar sus primeros lloros. Quería hablar de lo que ocurría con ellas y no sabía cómo hacerlo. Hice un planteamiento terapéutico abierto en el encuadre de las sesiones y les propuse vernos por separado para recabar información antes de vernos conjuntamente en familia.

En primer lugar, me vi con ella y estaba agotada por la enfermedad. Le preocupaba su hija pequeña de siete años y le invadía la emoción al pensar en el final. Necesitaba adelantar toda la información para poder realizar una buena despedida preventiva por las complicaciones del duelo posterior. Entendía que su marido podría desbordarse ante el volumen de emociones y tareas pendientes, aunque sabía que contaba con soporte social. Ella perseguía la serenidad y, al igual que el tumor metastásico le nublaba la vista, la rabia y la pena le turbaban la comunicación diaria.

Me vi con el marido y le encontré muy angustiado por los tiempos y el pronóstico. Había preguntado ya por el final y le atormentaba la cuenta atrás sin poderlo hablar con su mujer.

Él pensaba que no hablarlo les daría una oportunidad para afrontar una última Navidad especial. En ocasiones se sentía impotente ante el futuro que les esperaba. Apostó por liderar junto a su mujer la comunicación abierta en la familia y abrir el pronóstico con sus hijas antes del final. No le resultaba nada fácil compaginar su emoción con el trabajo y los tiempos de incertidumbre.

Cuando cité a su hija de catorce años, me encontré con una chica consciente de la gravedad de la situación. Aunque pareciese que se centraba en quedar con sus amigas y no conectar con la situación de la casa, en realidad era un enmascaramiento para aparentar normalidad. Estaba preparando un pequeño vídeo para su madre como regalo de Navidad, una combinación de fotos y música, con frases de agradecimiento, cariño y tono de despedida. Me contaba que si notaba que su padre se acercaba, no quería que él lo supiese porque sabía que se iba a emocionar. No soportaba ver a su padre también llorando y cerraba el ordenador fingiendo que estaba perdiendo el tiempo en páginas tontas. Prefería disimular que no estaba conectada con lo que ocurría.

Conocí a la pequeña y me invadió la ternura. No se olía nada de los negros nubarrones que amenazaban a la armonía familiar. Estaba ilusionada y con esperanza en la Navidad, aún creía en el Olentzero y la magia de pedir todo aquello que merecíamos. Se sentía inhibida en sesión y buscábamos el juego simbólico para expresar emociones.

Llegó el momento de las sesiones en familia y recuerdo el día en el que hablamos del pronóstico. Lo hizo la madre utilizando la metáfora de la huerta y los bichitos. Relató que, como ya sabían, llevaba tiempo enferma y ya había perdido la visión de un ojo. Empezaron bichitos en una esquina de la huerta y al principio pudieron matarlos con medicinas. En el último año los bichitos empezaron a salir en más de un sitio a la vez y los médicos ya no podían pararlos con medicinas. En el hospital habían dicho que la enfermedad se había extendido por todo el cuerpo y que llegaría la muerte. Como psicólogo nunca olvidaré aquel instante en el que la madre mencionó la muerte en presencia de su familia. La pequeña tapó su cabeza con el abrigo que guardaba entre sus manos y se abrió un silencio. La madre la miró y, llamándola por su nombre, le preguntó si había entendido lo comentado. La hija pequeña mantuvo la cabeza tapada y con el pulgar hacia arriba hizo una señal afirmativa. El objetivo de la madre se cumplió, todos en casa sabían que el resto comprendía lo que tenían entre manos.

En paralelo y en coordinación con la psicóloga de la escuela se trabajó la situación. La tarea consistía en la narrativa a través de una familia imaginaria de leones en la selva. Cada semana construían una pequeña historia con la familia. No solo estaban la madre, el padre y las pequeñas leonas, sino que también hacían visitas por la selva hasta otras familias y situaciones. El comienzo de la historia iniciada por la psicóloga daba paso a un juego imaginario que dejaba destellos emocionales de lo que pudiese estar viviendo en casa. Lo llamativo es la sincronicidad con la que una semana antes de la muerte de su madre, la pequeña representó en la narrativa semanal de la familia de las leonas el desenlace de una forma arropada y serena.

Aquella madre no solo supo liderar la información inclusiva del pronóstico de la enfermedad con su familia nuclear, sino que supo acompañar a sus hijas y marido en la emoción compartida. Pudo consolar las lágrimas de sus pequeñas y no tuvo que fingir quedándose sola ante semejante dolor. Con ella aprendía que la apuesta por el amor comunicativo nos protege del sufrimiento añadido que supone el silencio miedoso y especulativo por falta de información.

EN CONCLUSIÓN

La Navidad es tiempo para reunir a la familia y los amigos. Desgraciadamente las sillas vacías están más presentes en fechas señaladas y he querido elegir la Navidad como ejemplo de ello. Podría haber hablado de los cumpleaños o las fiestas señaladas, pero me he declinado por la Navidad por los numerosos comentarios dolorosos que he escuchado por parte de los pacientes en duelo en todos estos años de ejercicio. En nuestro imaginario colectivo son fechas de familia e infancia. El pensamiento mágico y la ilusión de un tiempo que todos, de una forma u otra, tenemos grabados en nuestras memorias emocionales. Incluir a nuestros ausentes en la silla vacía de la mesa no supone renunciar a la vida y la sonrisa por fidelidad en el sufrimiento. Nombrarlos y brindar también por ellos no significa que no podamos disfrutar entre nosotros.

El sentimiento de culpa

Durante estos años he observado la importancia que tiene dicho sentimiento en la adecuada elaboración de los duelos. Desde asuntos pendientes por acción hasta la comunicación pendiente por omisión. Las personas en duelo hacen un repaso concienzudo de la relación con el ser querido fallecido, deteniendo la autopsia de relación en aspectos no saneados emocionalmente, e incluso sintiéndose mal por sentirse bien y no encontrar permisos para sobrevivir al ser querido fallecido.

Expiar la culpa a través del castigo lleva a las personas a desarrollar rituales esclavos para redimirse de lo que suponen ha sido una ofensa indigna a quien ya partió, o mantienen una fidelidad invisible con la lealtad en la no alegría. Algunas personas se torturan en la autocrítica rumiante y el entorno no sabe qué decir para aliviarlo. Necesitan una desculpabilización constante. Se trata del luto emocional y se visten con el pensamiento de fidelidad sufriente con el ser querido fallecido. Es un sacrificio encubierto que busca perpetuar la lealtad invisible para no seguir viviendo sin él. No entendemos el seguir viviendo cuando nos falta nuestro ser querido. Es una creencia distorsionada la del creer que expiamos la culpa. Pensar que desde el sufrimiento somos más dignos del perdón y el permiso para poder seguir viviendo con alegría.

Pienso en la infancia y el miedo a la pérdida del amor de las figuras de apego. Imaginemos una situación en la que el menor comete alguna falta grave o no ha realizado algún tema de suma importancia para las figuras de apego. Percibe el disgusto y enfado de ellos. Les ha fallado gravemente y por ello teme no ser querido. Necesita el perdón de forma angustiosa y toma conciencia con profundo arrepentimiento. Está necesitado de algún acto reparador y casi hasta prefiere un acto de contrición para sentirse digno y merecedor del ansioso alivio, o el abrazo que cree vendrá tras el perdón. La psicodinámica afectiva lleva al menor al arrepentimiento para encontrarse con el cariño que teme perder. Podríamos entender así la culpa como el miedo a la pérdida del afecto fundamental.

Pues bien, a veces pienso que el profundo sentimiento de culpa en los duelos tiene una funcionalidad intrapsíquica que bien se puede explicar con lo expuesto anteriormente. La profunda creencia internalizada que tenemos como niños y la reversibilidad del perdón amoroso. Hacemos lo que

haga falta y realizamos el sacrificio necesario bajo la creencia distorsionada de que la muerte de nuestro ser querido aún es reversible.

Creemos que se darán cuenta de nuestro profundo arrepentimiento y que, por tanto, tendremos una nueva oportunidad. Nos despertaremos de la pesadilla increíble y juramos que no volveremos a cometer el error de tantos asuntos pendientes en forma de: «y si le hubiese dicho» o «y si no lo hubiese hecho».

También pienso en lo intenso del sentimiento de culpa. Es una forma de sentirnos sensitivamente muy cerca de nuestro ser querido fallecido, aunque sea desgarrador. La creencia distorsionada es pensar que al dejar la intensidad culpógena, perdemos la nitidez y cercanía que hemos construido con nuestro ser querido para compensar la ausencia. La obsesión culpógena hace las veces del abrazo imaginario junto a nuestro ser querido.

En cualquier caso parece que necesitamos renunciar a la alegría para honrar a nuestros seres queridos y parece incluso una ofensa el no llorar y mostrar aflicción. Es como si necesitáramos sentirnos mal para quizás luego poder sentirnos bien.

La rumorología social no ayuda en nada para la adecuada reconstrucción de significados. El estigma social en las muertes por suicidio revictimiza a los supervivientes. Las muertes violentas en las que la culpa y la necesidad de justicia invaden el proceso de duelo no permiten una adecuada atención inicial y enquistan los procesos de duelo. La omisión de cuidados a nuestros seres queridos mayores que han muerto sin compañía en tiempos de pandemia nos retrata como sociedad.

Podríamos sustituir la palabra culpa por responsabilidad y la consciencia reparatoria sería más constructiva que destructiva.

RELATO 20

Conocí a la pareja tras la pérdida de su único hijo con tres años. Ocurrió de forma trágica tras un atropello mientras jugaban y un balón se escapó... Me impactó la situación de ella y su embarazo avanzado, estaba de cuatro meses. Nos veíamos dos veces por semana y temía por la pérdida del bebé en gestación. Apenas podía hablar y la angustia culpógena le invadía constantemente. El marido aguantaba las lágrimas y el temor a perder también a su mujer le atormentaba. La rabia por lo sucedido y el sentimiento de culpa ante el pensamiento intrusivo de que teníamos que haber estado allí para salvarlo no les permitía tener alivio. Ella tenía un sueño recurrente que era reflejo de la situación de estrés postraumático en la que vivía. En el sueño se encontraba en el balcón de su casa cuando era pequeña. Tenía la edad actual y un bebé en los brazos. Detrás se encontraba su propia madre y en el balcón había desaparecido la barandilla. La pesadilla repetida se daba cuando el niño se le caía de los brazos a la calle y nada podía hacer. Se despertaba en pánico y muy agitada.

El trabajo terapéutico fue intensivo y ella no daba permisos para el autocuidado. Descuidó la alimentación, descanso, su aspecto físico y no se atrevía a salir a la calle. No se daba licencia para cuidar y acoger al niño que tenía en su vientre, porque sentía traicionar al hijo fallecido. La reconstrucción de significados nos ayudó en el trabajo de recordar al hijo de forma humana más allá del fatal accidente. El padre recordó el día en el que el pequeño metió una pila cuadrada de gran tamaño por la taza del inodoro. Se formó tal atasco que se inundó todo y tuvieron una gran aventura con fontanero incluido. Soltaron toda la taza y el pequeño se reía. Mientras me lo contaban adivinaba en ellos también una sonrisa.

Llegó el día del parto y todo salió bien. Me acerqué al hospital a visitarlos y me confesaba que se hacía raro coger al pequeño en brazos puesto que seguía el sentimiento de culpa por la pérdida de su primer hijo. A las semanas del nacimiento nos volvimos a ver en consulta y me narró el sueño recurrente del balcón de su casa materna. En esta ocasión, también estaba con un bebé en brazos. Su madre estaba detrás y no había barandilla. Se volvía a caer el niño, pero en esta ocasión en lugar de despertarse angustiada, dentro del sueño se daba la vuelta y bajaba corriendo a intentar coger al niño. Lo logró y despertó con una sensación mezcla de angustia, alivio y, sobre todo, consciencia de responsabilidad reparadora. Ahora sí, ella estaba preparada para darse permisos como madre rehabilitada en sus funciones.

EN CONCLUSIÓN

Sentirnos mal por sentirnos bien resume el nudo gordiano del sentimiento de culpa en los procesos de duelo. Parece que necesitamos expiar la culpa a través del sacrificio. Mantenemos la fidelidad del sufrimiento y la renuncia a la alegría como muestras de amor a nuestro ser querido. Necesitamos reconstruir permisos que nos ayuden a honrar a nuestros seres queridos y responsabilizarnos de nuestras vidas sin caer en la responsabilidad del sacrificio y el castigo. Ser conscientes de los sentimientos de culpa por acción o por omisión es determinante para la sana elaboración de un proceso de duelo. Los sentimientos de culpa no adecuadamente saneados son un indicador de duelo enquistado y con riesgo de complicarse. La relación terapéutica ayuda al paciente a responsabilizarse de lo que elige y de lo que renuncia. No podemos estar en dos sitios a la vez.

Elegimos honrar a nuestros muertos en la vida. Saber elegir y disfrutar de lo elegido es un buen método para reencontrar el sentido de la vida. Renunciar y no rumiar lo renunciado es una forma adecuada de sanar heridas pasadas. Si elijo escribir un libro, renuncio a un verano sin compromisos laborales. Por tanto, voy a disfrutar de la escritura y no rumiar lo que podría estar haciendo ahora.

La obsesión

Es uno de los mecanismos de defensa más importantes que tener en cuenta en los procesos de duelo. Los pensamientos obsesivos son una estrategia ante la falta de relación con el vínculo perdido. Un adecuado análisis funcional del síntoma nos ayudará a entender el para qué de las rumiaciones obsesivas. La mente está intentando procesar un volumen pesado de información y no asimila la tarea. Fracasa en el intento de asignar significados a la experiencia de trauma y obsesivamente vuelve a rastrear los detalles esperando la lógica para entender semejante golpe emocional. Es como intentar enviar por correo electrónico una película que pesa mucho. Al tener mucho volumen el ordenador nos dice que está procesando y se colapsa la tarea. Aunque lo intentemos constantemente no podremos lograrlo a menos que cambiemos de formato. Dicha transformación es lo que realizamos en el contexto terapéutico. La fragmentación de la experiencia dolorosa requiere de una indagación experta que facilite la resignificación de la información desbordada y colapsada.

La obsesión es un intento desesperado de dibujar una realidad acomodada a nuestra experiencia ante el sinsentido del trauma. Lo hacemos desde la realidad conocida hasta entonces, pero el problema es que hablamos de otra dimensión emocional. Si no comprendemos la funcionalidad de la obsesión en los duelos, estaremos alejándonos mucho de la comprensión saneadora del proceso terapéutico. La moviola constante de la obsesión nos da una información crucial de la estructura de personalidad del doliente. Aprendemos a conocer el mapa cognitivo con el que cuenta nuestro paciente ante el terreno de lo desconocido.

Los profesionales que trabajamos con procesos de duelo sabemos que las obsesiones están muy presentes durante la asimilación de la pérdida. Quizás, socialmente estamos más familiarizados con los comportamientos obsesivos en forma de rituales de repetición. Cerramos la puerta varias veces para quedarnos seguros y ordenamos con un orden meticuloso los objetos. Son lo que llamamos rituales obsesivos o manías supersticiosas, que nos llevan a creer que al hacerlo estamos a salvo del riesgo.

Pero también son muy importantes las ideaciones obsesivas. La centrifugadora mental tiene la misma funcionalidad que los comportamientos físicos, aunque no se vean. La insistencia en el pensamiento y el no poderlo dejar ponen de manifiesto la estrategia mental para encontrar el control ante una situación que nos desborda y genera mucha inseguridad.

No le tenemos que dar un mapa externo a modo de préstamo porque, aunque nos lo pida desde la desesperación, no le servirá. Necesita reconstruir el suyo propio. Tenemos que conocer el suyo, y una vez vinculados en las estrategias del paciente debemos proponer pequeños movimientos alternativos en la marcha genuina que cada uno hace de forma intuitiva y emocional. Esto sí servirá al paciente y generará confianza y seguridad en sus propios recursos para la integración de la pérdida. La evolución se mantendrá de forma perenne y no caduca.

La persona en duelo no se da cuenta de que está atrapada en un sistema fracasado de digerir la información dolorosa.

Se queda buscando los porqués siguiendo los mismos itinerarios una y otra vez creyendo que existe algún detalle que no ha tenido en cuenta. Por desgracia, no es que la mente haya perdido información por algún despiste. La frecuencia modulada en la que intenta sintonizar la información está en otra onda que aún no está preparado para encontrar. El duelo es otra realidad.

La obsesión tiene una funcionalidad evitativa y negadora de la realidad. La mente nos lleva a desviar la atención a otro lugar donde pueda ejercer el control y disociarse de la noticia dolorosa. Son estrategias disociativas que a través de la repetición obsesiva obligan a la mente a mirar a otro lado. Visto desde fuera, puede llevarnos a la confusión en el diagnóstico si no entendemos la funcionalidad del síntoma. El «¿A dónde vas? Manzanas traigo», como intento desesperado de no querer ver la realidad por el volumen de dolor desbordante.

Quienes atendemos a personas en duelo necesitamos aliarnos con el intento obsesivo del paciente para digerir el trauma. La complicidad y el entendimiento vincular nos ayudará a modular la estrategia de afrontación fallida e ir aceptando la realidad dolorosa.

RELATO 21

En este capítulo de la obsesión voy a mencionar dos breves ejemplos que den luz a lo comentado anteriormente:

1. Era una mujer recién entrada en los cuarenta años y se encontraba ingresada en la unidad de cuidados paliativos del hospital. Tenía dos hijas pequeñas, y recuerdo el día en el que el médico le informó al marido sobre la inminencia del final. Le invitó a traer a sus hijas para despedirse de su madre. El

marido automáticamente empezó a comentar que no sabía si podría cambiar el turno de trabajo y que lo tenía que consultar. Al entrar en nuestra sala de trabajo recuerdo cómo una compañera mencionó sorprendida la actitud egoísta del marido al estar pensando en sus turnos laborales ante la inminencia de la muerte. En el equipo entendimos que la obsesión disociada con los turnos de trabajo ponían de manifiesto su incapacidad emocional para procesar la muerte de su mujer y la despedida con sus hijas. Miraba para otro lado de forma extraña porque no podía mirar hacia la escena de ver a sus hijas despidiéndose de su madre. No es tan fácil, en ocasiones, no enjuiciar lo que no comprendemos bajo la mirada del análisis funcional de nuestra mente. De ahí la importancia de la visión psicológica en el equipo multidisciplinar que atiende en los cuidados paliativos.

2. Era una mujer cercana a los sesenta años y la conocí cuando habían transcurrido algunos meses desde que su hija se precipitó al mar desde un acantilado del pueblo donde vivían. Venía derivada por psiquiatría y estaba recibiendo tratamiento farmacológico. En el informe previo se mencionaba la tendencia al pensamiento disociativo. Al comenzar a historiar me repetía su gran preocupación por el frío que hacía en el mar. Ella tenía el pensamiento invasivo del mar frío y necesitaba proteger a su hija. Era consciente de que no tenía sentido pues había fallecido, pero aun así estaba obsesionada con el frío. Recuerdo cómo la escuché y, mirándola a los ojos, le propuse ofrecer a su hija una manta y con ayuda cercana arrojarla al mar cerca del lugar donde se precipitó su hija. Me miró con ojos interrogantes. Ambos nos dimos cuenta de que la comprendía y buscaba ayudarla en su necesidad de elaborar la idea obsesiva respetando su necesidad sin desautorizar. Solo así podría continuar construyendo el lugar interno necesario para convivir con su hija fallecida.

El poder simbólico de la reparación psicológica es como la regeneración de la piel raspada. Cicatriza y se restablece la armonía. En ocasiones, los profesionales que atendemos a personas en duelo necesitamos entender la funcionalidad del síntoma antes de diagnosticar un trastorno.

EN CONCLUSIÓN

La funcionalidad de las obsesiones en los procesos de duelo es fundamental para poder entender el sentido de la integración del dolor por la ausencia irreversible. Las fantasías repetitivas buscan restablecer una realidad traumática y al fracasar en su tarea queda enquistado el mecanismo psicológico. Además del mencionado pensamiento rumiante y su funcionalidad para procesar la información emocional, la obsesión tiene un objetivo disociativo de la realidad.

Comprender el análisis funcional de las obsesiones evitará realizar diagnósticos erróneos y, por tanto, tratamientos inadecuados.

El papel de la psicología en los duelos

Ayudar a una persona en duelo es una labor sensible. Nuestra labor es la de ser cajas de resonancia que permitan recoger y expresar la nota musical de cada alma. Por eso me gusta la metáfora de que somos afinadores de almas. Nosotros mismos somos los primeros que tenemos que estar bien afinados antes de ponernos delante de una persona. Las personas experimentamos dolor al ver a un ser querido sufriendo por la muerte y la pérdida irreversible. Cuántas veces hemos escuchado pedir a un doliente que se tranquilice en plena expresión de angustia o se dan consejos sin prospecto, además sin previamente haberlos pedido, que lo único que consiguen es dejar tranquilo a quien lo dice y no tanto al protagonista que los recibe.

Atender a una persona en duelo requiere ser muy consciente del cuidado necesario para no revictimizar al doliente desautorizando y enjuiciando su dolor. No todo vale para todos. Ayudar en duelo no consiste en repetir cuatro ideas que nos autoricen a indagar en la herida del doliente y mucho menos aún a inyectarle un diagnóstico carente de criterio y asustadizo en la amenaza del tiempo. «Es normal, esto necesita tiempo». Esperemos que no haya una fisura de personalidad y haya que tratarla demasiado tarde.

Decimos que es importante no medicalizar los procesos de duelo y sacar el dolor del doliente de los manuales de psicopatología. Se debe atender el sufrimiento humano como seres humanos y en contextos afectivos en lugar de sanitarios. Esto es algo que me genera una profunda reflexión sobre nuestro papel como profesionales de la salud mental. ¿Tenemos derecho a que la vacuna nos la ponga un sanitario? ¿Que la analítica nos la valore la médico? ¿Que la revisión ginecológica y urológica nos la haga el especialista? Afortunadamente hemos avanzado significativamente en la prevención de posibles patologías. Sabemos de la importancia del diagnóstico precoz de algunas enfermedades y su mejor pronóstico curativo. Todos los años realizamos una revisión médica en el trabajo o nos acercamos al dentista para una limpieza y revisión de la salud dental. Las contracturas musculares son aliviadas por especialistas fisioterapeutas porque no ponemos nuestro cuerpo en manos de cualquiera. Nadie se aventura a poner una vía subcutánea por mucho que haya visto ponérsela a un familiar en situación paliativa. Todos sabemos que el enfermero es el encargado de realizarlo profesionalmente y nos da tranquilidad porque sabrá qué hacer en caso de complicaciones. Así, podría seguir escribiendo sobre un sinfín de ejemplos y me pregunto por qué no hacemos lo mismo con la salud mental. Nos acordamos del profesional solo cuando aparece el síntoma y no utilizamos nuestro conocimiento para velar por la salud psicoemocional.

Tenemos derecho a que se nos atienda con rigor profesional y no dejar las valoraciones de riesgo o indicadores de salud que tener en cuenta en manos de personas bienintencionadas pero no formadas adecuadamente.

Realizar un triaje inicial de los procesos de duelo nos puede ayudar a tratar adecuadamente elementos de la personalidad que inicialmente tratados evitarán la posible complicación del proceso.

Cada año les repito a los alumnos que acaban el Máster de Psicología Sanitaria, y que en breve se acercarán a cuidar personas en sufrimiento, la importancia del vínculo afectivo con los pacientes. Me indigna pensar que han dedicado tantos años de estudio y algunos continúan con la formación del PIR (psicólogo interno residente) para especializarse en Psicología Clínica, ¡como para no ejercer ahora profesionalmente! Somos profesionales de la salud mental con acreditación necesaria y cuidamos la honestidad profesional además de la honradez personal. Por tanto, debemos ser tenidos en cuenta como especialistas en salud mental y cuidar con rigor a las personas que sufren.

En las plantillas de los hospitales la presencia de psicólogos es mínima e insuficiente. En los equipos de atención paliativa realizan su función en hospitales, normalmente a través de asociaciones o fundaciones externas al organismo de salud pública, sin formar parte de su plantilla. Esto no ocurre de la misma forma con el resto del personal sanitario. ¿Estamos en el equipo con reconocimiento y prioridad, o estamos como floreros? Se comenta que existe un servicio y si el paciente lo solicita se puede tener alguna sesión. Pero bueno, ¿alguien pide permiso para todo lo demás físico paliativo? ¿También hay que mendigar como profesionales en las funciones del equipo multidisciplinar?

Así, confundimos al paciente y a las familias. El tratamiento paliativo requiere prioritariamente del profesional que trata la salud psicoemocional del sistema familiar que se acerca a la muerte. La medicación alivia el dolor físico y el dolor psicológico se trata con comunicación especializada. Para todo eso estamos los profesionales específicamente formados. Por ello, no hay que esperar a que el paciente solicite la ayuda psicológica, sino que hay que dársela de antemano como algo prioritario.

Aun así, les digo a los alumnos que continúen su formación personal y profesional para no contaminar emocionalmente a los pacientes. Que quien se pone delante del paciente es la persona que vincula y que detrás tengan un buen mapa formativo para entender dónde está el paciente, qué le pasa y hacia dónde conviene orientar el trabajo. Les hablo de la honestidad personal con los pacientes y la honradez profesional como agentes de salud bien formados y no caer en la negligencia asistencial. Les recuerdo la importancia de la supervisión de cómo se sienten ante los pacientes para ayudarles sin contaminarlos emocionalmente. Nos preparamos a conciencia y entrenamos con rigor la ayuda que recibirán los pacientes.

Seamos serios ante una persona que sufre en duelo. El haber tenido una experiencia dolorosa nos ayuda a entender qué le pasa al doliente, pero de ahí a considerarnos expertos en dicha dolencia es algo que no pasa en otras áreas de salud. **El perder a un ser querido no significa que seamos un profesional experto en duelo, aunque la intención sea buena.** Seamos honrados en lo profesional y habilitemos a personas formadas en la ayuda deontológica de quien sufre.

Basta ya de dejar en manos de asociaciones y voluntariado bien intencionado los temas importantes en salud mental que el sistema no puede atender por falta de recursos humanos.

Escuchamos malas experiencias al ser atendidos por profesionales que disponen de poco tiempo y se centran en síntomas, con el consiguiente sentimiento de sentirnos un número más. En cambio, oímos las bondades de la reunión con el grupo de afectados y la emoción compartida. Estamos generando el efecto placebo en los grupos de autoayuda y el efecto nocebo en la atención con profesionales. Seamos responsables y protejamos a la población de enquistamientos de duelos complicados. Si el profesional dispone de una hora para escuchar al paciente en lugar de diez minutos, el paciente se sentirá más entendido y el profesional más vinculado con la historia que tratar.

Acercarse a una persona desconocida para pedir ayuda no es un asunto fácil. Pensar que vamos a compartir nuestra intimidad, que en ocasiones es confidencial incluso en nuestro entorno cercano, resulta inseguro. Esto provoca un encuentro inicial de tanteo analítico y desconfianza defensiva.

Por tanto, el primer encuentro es muy importante para elegir internamente apostar por la alianza terapéutica y mostrarnos, o por el contrario, controlar nuestro discurso como pacientes y quedarnos en la zona conocida y no arriesgada de hablar calculando las consecuencias.

Quizás el paciente ha estructurado el relato del primer encuentro y organiza su discurso describiendo el sufrimiento o la frustración acumulada. Entre líneas, existe un código de gestos, entonaciones, miradas, silencios, posturas corporales... comunicación no verbal que en mi opinión es la que influye para que el encuentro resulte creíble y no simulado o fingido por ambas partes.

Establecer la alianza terapéutica es necesario para comenzar a indagar en la vida de los pacientes. El metalenguaje, el respeto a los silencios y la espera en las evitaciones es una de las características de una buena sintonía. Escuchar el relato implica también leer entre líneas todo aquello que se omite en la narración mantenida sesión tras sesión. En conclusión, la sintonía terapéutica parte de una buena alianza que permite cuestionarnos aspectos difíciles de compartir con uno mismo y con el otro.

La indagación terapéutica de los mencionados matices se produce cuando el paciente percibe al terapeuta como ayudador, entendedor, alumbrador y, sobre todo, apoyo seguro ante la confusión que produce el abrirnos a un discurso emocionalmente improvisado.

Modular la relación y sincronizar el entendimiento requiere un buen uso de las preguntas adecuadas por parte del terapeuta. La pregunta lleva implícita un profundo conocimiento del posible estado en el que se encuentra el paciente. Antes de emitir la respuesta, la curiosidad terapéutica permite encender la linterna que ayude a mirar rincones de la cueva a los que no llega la luz de la consciencia. Es un proceso con interés humano al querer conocer el relato por primera vez. Se ha de dar total credibilidad y validez a los hechos, como si fuésemos espectadores de una película en el cine en la que no podemos interferir en lo que ocurre, ni utilizar Photoshop en el relato.

Debemos meternos en el personaje que tenemos delante tal y como desarrolla su vivencia. El establecimiento de dicho contexto relacional nos va a ayudar a sentirnos seguros para abrir escotillas y dejar el periscopio controlador, siguiendo la metáfora del submarino que emerge de la profundidad del mar calculando si puede mirar sin que le vean o se puede dejar ver en confianza y anonimato.

Doy mucha importancia a la relación terapéutica porque pienso que es en la relación con el otro, sea familiar o contexto social, donde conformamos nuestra identidad. El yo resultante está mediatizado por lo que se espera que seamos y lo que nos gustaría ser, dejando el espacio sobrante a lo que ecológicamente somos. Es decir, el autenticismo y la genuinidad que necesitan protegerse con una máscara adaptada a la aprobación y reconocimiento condicional del entorno. El objetivo es sobrevivir en el mencionado contexto afectivo y el resultado es transgénico.

Las personas que han necesitado mendigar afecto para poder sobrevivir, especializándose, por tanto, en el agradar y complacer para ser tenidos en cuenta, han tenido que pagar una hipoteca a interés variable y a largo plazo que les permita sobrevivir desde el punto de vista afectivo.

Dicha hipoteca es la desconexión de sus necesidades en detrimento de las necesidades del otro. La desensibilización del yo ecológico por el miedo al rechazo o el abandono. La evitación del conflicto y la sobreadaptación al medio, por un lado, y la provocación del conflicto y la venganza ante el miedo-riesgo de ser manipulados afectivamente en una nueva relación, por otro lado.

Por eso es tan importante la sintonía y la alianza terapéutica. También el terapeuta se puede colocar desde el papel que los pacientes esperan que sea o el ideal de terapeuta que le gustaría ser. En la genuinidad de la sesión y el respeto a las diferentes posiciones reside la oportunidad del encuentro rehabilitador y terapéutico. El fingimiento se nota. El postureo se nota. El refugio contrafóbico en la teoría se nota. La explicación blablablá que controla la implicación en el encuentro se nota. Me atrevería a decir que más que terapias hay terapeutas. Personas con idiomas terapéuticos diferentes que se ajustan a lenguajes maternos diferentes.

Pero, ante todo, personas con presencia en el encuentro entre dos personas. De esta manera podemos sentir algo evocador de aquellas relaciones tempranas y afectivamente estructuradoras de nuestra identidad.

Así pueden emerger la culpa, la rabia, los celos, la vergüenza, el orgullo, el miedo, el resentimiento, la confusión... y poder comprobar en la mirada del terapeuta que todo eso tiene cabida y que en lugar de enfadarse por vernos así (ceño apretado), nos podemos responsabilizar y colaborar para aprender a manejar de otra manera la situación, pero sin miedo a que no le gustemos así. ¡Claro que observamos el comportamiento conflictivo o el síntoma torturador!

Lo que también sentimos es que quien se encuentra enfrente no se cansa de nosotros y nos ayuda a reeducarnos desde la responsabilidad y la ilusión de conseguir sentirnos mejor con nosotros mismos y nuestro entorno. El tiempo, el espacio, el encuadre consensuado por ambos nos va a permitir que no solo aparezca el escaparate de quienes somos, sino también daremos protagonismo a la trastienda y pondremos todo patas arriba derribando muros y abriendo cerrojos.

El objetivo es sentir que quien nos ayuda nos acepta como somos y nos enseña a responsabilizarnos. La terapia no cambia tu vida, pero hace que la veas con otros ojos. Aprender de nuestros rasgos de personalidad que nos generan dificultades, pero sin sentirnos enjuiciados o desautorizados. Pienso que es la clave para tratarnos a nosotros mismos de forma saludable y con autoestima. Aprender a querernos como somos y desarrollar la tolerancia y transigencia hacia nuestra persona, con la misma paciencia y criterio pedagógico que haríamos con un hijo a quien queremos incondicionalmente y deseamos criar de la mejor manera posible. Enseñarnos sin reñirnos y colaborar con empatía y tacto cuando más lo necesitamos. Podernos convertir en nuestro mejor guía y guardián. Nuestro fiel profesor y defensor. Alejarnos del autoengaño y sentirnos como en casa, protegidos en el campamento base que hemos construido con nosotros mismos en lugar de contra nosotros mismos. Sabernos acompañados por alguien que sabe todo de nosotros, todo absolutamente, incluidos los secretos, y aún nos elige como su mejor amigo decidiendo estar a nuestro lado pase lo que pase. La rehabilitación psicoterapéutica tiene como objetivo último enfocarnos hacia dicha meta. Tratarnos a nosotros mismos con respeto, responsabilidad, sabiduría, humildad, coraje, justicia... Tratarnos como nos gustaría que nos hubiesen tratado. Y saliendo de la queja y el reproche, ejercer de tutores con nuestras necesidades de forma constante y consciente. Asumir las consecuencias de nuestras elecciones y aceptando lo renunciado. Saber disfrutar de lo elegido, sin caer en la duda y rumiación del «y si hubiera elegido...».

El concepto de identidad o el yo necesita previamente de un tú que haya podido estar para mí. Es decir, en el espejo del apego y los buenos tratos es donde podemos contar con un tú que me cuida en mis necesidades de forma sana. Que está presente para mí y se da cuenta de lo que le pido. Que no condiciona lo que me da y no me hace sentir en deuda por lo que recibo libremente. Que no me utiliza para cubrir su propias carencias con una entrega aparentemente altruista. Tú que me ayudas a sentir que te importo por lo que soy y no solo por lo que te doy.

Un tú que no tenemos que descifrar si estará, dependiendo de nuestro comportamiento, sino que sabemos que estará y me enseñará con cariño y seguridad. En el espejo del tú podremos configurar un reflejo del yo reconocido, valorado y estimado. Sin amenaza de abandono y entendiendo que la tensión es sinónimo de aprender juntos porque le importamos. Si hemos tenido dicha experiencia relacional, podremos diferenciar entre cuál es tu necesidad y cuál es la mía, sin confusiones afectivas culposas o resentidas, ni interpretaciones egoístas-altruistas. La falta de un tú estructurador en nuestro desarrollo como personas trae consigo la complacencia simbiótica o el egocentrismo narcisista. El yo armónico es capaz de ver y entender al tú relacional, disminuyendo así el riesgo de manipulación afectiva que reproduce carencias de nuestro pasado. Es como si tuviésemos grabado en nuestra memoria implícita algo así como «a mí no me va a volver a pasar lo mismo», y todo esto nos impide ver al de enfrente como es en realidad. Nos teletransportamos a sensaciones temidas del pasado o anheladas idealizadamente.

El resultado es confusión relacional y reproducción de patrones de conducta relacional aprendidos en el pasado de forma temerosa o temeraria.

El encuentro relacional entre dos «yo auténticos» nos brinda la oportunidad de reorganizar y autorregular la esencia de nuestra identidad. En el contexto terapéutico esto obliga al terapeuta a estar muy atento a las posibles contratransferencias que se dan con sus pacientes. Es decir, lo que sentimos con determinado paciente y que nos confronta con algún asunto ciego y no adecuadamente resuelto. La relación se mediatiza por elementos ajenos a la rehabilitación psicoterapéutica. Existe riesgo de contaminación al paciente y el propio paciente se puede sentir revictimizado por el terapeuta. Es lo que conocemos por «iatrogenia terapéutica».

Si atendemos al encuadre terapéutico, podemos variar desde la versión individual hasta la grupal, pasando por la de pareja o la familiar. El grupo permite elaborar aspectos relacionales de una forma vivencial, puesto que la presión grupal está presente en las sesiones. Mostrarnos a la vez que nos sentimos observados por varias personas aumenta el miedo al enjuiciamiento, y esto puede provocar mayor inhibición, confrontación, rememoración de problemas de relación grupal... además de darnos la oportunidad para elaborar la especulación de la imagen que los demás se hacen de nosotros mismos. Los grupos homogéneos (aquellos que se crean en torno a una misma situación, por ejemplo, duelo) favorecen la identificación entre los componentes y la cohesión grupal permite la expresión de emociones. El sentimiento de pertenencia se da de forma temprana. También se puede trabajar la transferencia colateral de afectos y sensaciones. Escuchar el relato de otras personas puede ayudar a construir y entender el propio.

En el grupo existen varios espejos humanos en los que nos podemos dejar sentir, y al mirarnos, siempre desde la seguridad que brinda el terapeuta y el contexto terapéutico, podremos elaborar aspectos conflictivos y enquistados en las relaciones sociales. El compromiso es el de aprender juntos, y nos implicamos con el fin de ajustar la imagen social que construimos en las relaciones con los demás.

La terapia de pareja permite asignar al terapeuta la responsabilidad de encarnar «al otro». Esa tercera persona que en nuestro imaginario representa a aquel que se da cuenta de lo que nos está ocurriendo y con justicia, empatía y conocimiento nos ayuda a entendernos y negociar ese tercer espacio que necesita siempre una pareja. La necesidad de tres espacios como son el tú, el yo y el nosotros. Un nosotros sin conclusiones o codependencias. Sin espejismos idealizados que encorseta al tú con nuestras expectativas sin respetar sus realidades. Un ejercicio de dignificar nuestro yo atreviéndonos a expresar nuestra realidad sin bloquearnos por el miedo al conflicto y todo lo temido que ello puede suponer. El terapeuta hace de espejo y testigo aceptado por ambas partes como alguien ayudador al que dotamos de credibilidad y autoridad moral. Como una conciencia sabia que nos ayuda en el camino de encontrar nuestra armonía.

En los trabajos con las familias, la complejidad de la terapia requiere en ocasiones tener sesiones también por separado para poder estructurar y organizar los subsistemas que pueden estar dificultando el sistema de familia. Subalianzas, guiones de rol asignados dentro del sistema y roles invertidos en los que no se respetan los papeles de padres e hijos. El trabajo terapéutico puede ayudar a definir los hechos que ocurren en las familias y no tanto las interpretaciones que los miembros de la familia hacen de ellos. Separar realidades comportamentales de traducciones emocionales.

Aprender a respetarnos y sentirnos libres en los lugares de la familia que nos corresponden sin coger responsabilidades que no son nuestras. Encontrar un equilibrio entre el dar y el recibir dentro de las posibilidades de cada uno, dentro del sistema. Honrar y agradecer, además de celebrar, acompañar y alegrarnos por ello.

Como vemos son muchos los matices complejos que se trabajan en el sistema familiar y que pueden ayudar a la homeostasis saludable, deshaciendo conflictos transgeneracionales que pudiesen estar afectando también a la relación actual. El propio sistema de familia tiene identidad propia y contiene a sus miembros individuales dándose forma mutuamente y en constante plasticidad. El terapeuta es una figura que busca que cada miembro del sistema familiar afine su identidad, al igual que un instrumento musical en la orquesta de la familia. Tiene la responsabilidad de encontrar la afinación adecuada en cada miembro, y en lugar de interpretar una partitura concreta, permite que la propia orquesta de la familia se armonice con los sonidos afinados de todos los instrumentos. Y esto se hace en una constante búsqueda de equilibrio conjunto, respetando la individualidad. La melodía resultante es única, flexible e integradora. El sentimiento de pertenencia a la misma orquesta motiva a sus miembros a cuidar, desarrollarse y generosamente apoyarse. Además de entenderse como el sistema familiar que incluye las partes en el todo familiar, con respeto al sonido único de cada componente.

Existen terapeutas que transmiten con carisma emocional y empatía, que nos ayudan a sentirnos seguros y guiados, confrontados y acogidos, entendidos y confundidos. Estos profesionales son la esencia de la psicoterapia.

En fin, tal y como he intentado transmitir a lo largo del capítulo, la psicoterapia es un proceso que se encamina a aprender a tratarnos a nosotros mismos como nos hubiera gustado haber sido tratados. Si la experiencia terapéutica nos ayuda a conseguir esto, la terapia habrá valido la pena. Sabremos entonces que existimos para nosotros mismos en los momentos de soledad. Y que somos alguien cuando nos relacionamos con los demás, sin sentirnos pequeños o grandes en la odiosa comparación eterna, en la que el ego nos alienta hacia la manifestación de poder. Y si nosotros nos especializamos en el rigor y el respeto a la ayuda de quienes nos necesitan y además aprendemos a vincularnos con empatía y sintonía humana, ¿por qué no confiarnos la tarea de velar por la salud mental y emocional de tantas personas en duelo que además ahora en la pandemia se trata de una urgencia sanitaria? Ojalá veamos en poco tiempo unidades de duelo en nuestros centros de asistencia sanitaria.

RELATO 22

Era una mujer que conocí tras haber enviudado. Había pasado más de un año de la pérdida y aunque estaba recibiendo ayuda no se encontraba bien. Nos conocimos y le pedí que se despidiese de la anterior relación de ayuda para poder comenzar la nuestra adecuadamente. Lo entendió. Pronto comprendí que para poder indagar en su historia necesitaba sentirse cómoda en el ritmo. Abrir cajones cuando no estamos preparados puede provocar una ruptura de la relación de ayuda. La recuerdo como una mujer activa en el área social y disponía de una buena red de amistades. No se empantanó en el rol de madre de sus hijos. Habían vuelto de sus estancias universitarias y se encontraban abriéndose sitio en el mundo. Tenía una familia extensa y temía reuniones familiares porque no quería sentirse observada o evaluada. Mientras me daba datos de su vida de forma fluida y con cara sonriente, yo sentía que me estaba poniendo a prueba. Era algo así como, ¿si yo te llevo hacia otro lado me vas a seguir aunque los dos percibamos que miramos a otro sitio para coger impulso antes de mirar a los infiernos? Era una mujer que manejaba bien la ironía y me decía: «A veces no hay que explicarlo todo, ¿verdad?».

El ir desmontando el andamiaje que había construido ante los recuerdos dolorosos de la enfermedad de su marido fue un suave balanceo entre conexión y evitación cómplice entre ambos. La sintonía relacional nos enseñaba el ritmo que continuar y me colocaba a un milímetro de ella, a veces por delante, pero muchas veces por detrás. Nos íbamos relevando en el ritmo, como dos ciclistas que llevan un ritmo bien acompasado y se respetan porque les interesa llegar juntos. Cuando pudimos abrir la puerta del vacío y la soledad, entonces nos acercamos a relatar numerosos pasajes de la relación construida durante tantos años entre ellos. «Por las mañanas él se levantaba temprano y antes de irse al trabajo me despertaba con un beso y un zumo de naranja. Cuánto echo de menos esa sensación ahora cada mañana».

Había tanto dolor y angustia que por temor a perder el control no había podido indagar antes en todo ello. Afloraba la emoción, y con mi mirada atenta respetaba la sonrisa que entrecortaba su lágrima rodando por la mejilla tras sus gafas. Yo estaba para ella y no ella para mí. Y juntos avanzamos en infinidad de detalles que mostraban el anhelo de su relación perdida. Era una relación artesanal, como son las relaciones en el contexto terapéutico. Así fuimos satisfaciendo necesidades que inicialmente nos planteamos como objetivos en la terapia. Nos acercamos a la adaptación ante la ausencia y el recuerdo agradecido, fortalecimos la autonomía personal para tomar algunas decisiones hacia el «ahora qué hago con mi vida» y nos despedimos dejando la puerta abierta para poder realizar alguna revisión si ella lo consideraba necesario. Los primeros años nos vimos en alguna sesión puntual, y se hizo cargo del vivir, sin quedarse en el sobrevivir.

Transcurrieron varios años hasta que volví a saber de ella. Nos vimos y me dijo que ahora era ella la que se iba. Le habían diagnosticado cáncer en fase muy avanzada y sabía ya de la cercanía del final, aunque quería seguir usando la bola extra que le quedaba. Al acabar esa sesión me dijo que salía tranquila porque ya había contratado al sherpa que le ayudó a bajar de la montaña hace años. Sabía que para subir la misma montaña ya teníamos los mapas aprendidos y confiaba en mí. Y sobre todo, me dijo que no la había mirado con pena. Nos despedimos diciendo que el final nos pillará lo más vivos posible. Nos miramos con emoción y sonrisa de medio lado.

EN CONCLUSIÓN

El vínculo terapéutico es sanador en sí mismo. La alianza entre paciente y terapeuta es la clave para una buena rehabilitación en el proceso de duelo. Digo esto porque la pérdida se da en una relación humana y, por tanto, en una relación humana es donde vamos a poder indagar sobre la ausencia del ser querido. Los terapeutas somos cajas de resonancia que validan y modulan el relato del paciente. Cuando el terapeuta vincula de forma sana con el paciente se abre la posibilidad de resignificar la pérdida sufrida y encontrar nuevamente sentido a la vida cotidiana.

Cuando el paciente viene a pedirnos ayuda con una gran mochila, le explicamos que le vamos a ayudar a que aprenda a vaciar lo que no necesita y aceptar lo que no pueda tirar, pero sobre todo a responsabilizarse de la mochila que tiene. Ni yo, ni nadie podemos cargar con su mochila y tampoco cambiarla por otra. La honestidad en los duelos es importante para no confundir a nuestros pacientes.

Cuidar al cuidador y el autocuidado

Durante la pandemia hemos visto el desgaste del profesional sanitario. Los cuidadores de la primera fila han tenido que ser atendidos por profesionales de la salud mental debido a cuadros de estrés, ansiedad y labilidad emocional ante tantas muertes en tan pocos días y de manera simultánea. Los profesionales que nos dedicamos a cuidar de la salud de nuestros pacientes tenemos la responsabilidad de protegernos y formarnos al mismo tiempo, para así poder ser efectivos y afectivos en nuestro trabajo asistencial.

En nuestra labor psicoterapéutica el desgaste profesional deriva hacia un distanciamiento afectivo con el paciente. La persona que sufre lo siente. Le parece que no entendemos lo que nos está narrando y, lo peor de todo, que no nos importa su historia o le reñimos por lo que nos dice sentir. Es decir, revictimizamos al paciente. La supervisión de los casos clínicos que trabajamos es una tarea fundamental e imprescindible para una labor de calidad con nuestros pacientes. Se trata del análisis de los casos clínicos con un psicólogo experto en el tema, con el cual tomemos conciencia de los puntos ciegos del propio terapeuta. Ahora bien, no únicamente saber cómo orientar un caso, sino darnos cuenta de nuestras emociones ciegas que se despiertan en aquellos casos en los que nos topamos con dificultades relacionales. Por tanto, la evolución del paciente se ve alterada por ello. Podemos contaminar la evolución del paciente si no somos conscientes de qué sentimos en nuestra subjetividad disimulada en sesión. Los terapeutas somos nuestra propia herramienta de trabajo. Al igual que un ordenador se actualiza y protege para seguir realizando sus funciones, el psicólogo tiene la responsabilidad de formarse y supervisarse para seguir haciendo bien su trabajo. Y además, en los momentos de necesidad, el terapeuta necesita pedir ayuda y continuar haciendo su propia terapia para poder seguir ayudando a los demás. Trabajar en equipo y coordinar la labor asistencial también es necesario para los temas psicoemocionales. Poner nombre a diferentes sentimientos ayudará al equipo de salud a saber identificar procesos complejos que afectan también al cuerpo. Por ello los psicólogos también reforzamos la salud emocional de los profesionales sanitarios que forman el equipo multidisciplinar.

El peso emocional y la huella humana que dejan las muertes a los profesionales que nos dedicamos al duelo es algo que tener muy en cuenta si queremos mantenernos en dicho trabajo. Yo al principio era un profesional temeroso e inseguro ante la posibilidad de hacer daño a un paciente. Recuerdo bloquearme o confundirme en los silencios del paciente. Con un poco más de experiencia, ahora pienso que me volví un poco más temerario.

Esto es, no tomaba conciencia del ritmo del propio paciente e intentaba impulsar un ritmo más teórico y ajustado a unas expectativas idealizadas sobre el duelo. No olvidemos que el paciente a menudo busca satisfacer a los profesionales y no debemos caer en tal empoderamiento teórico. Somos nosotros los que estamos para el paciente y no al revés. Ahora soy más cauteloso con la evolución del paciente y espero el momento adecuado para intervenir significativamente. Hago la labor de sherpa, alumbrando y acompañando en el camino. Procuro marcar el precipicio para protegernos de una caída y, sobre todo, me ajusto al ritmo asimilable para ellos y para mí. Un milímetro de distancia es importante. A veces por delante y otras muchas veces por detrás, pero dando contención y aliento.

Los profesionales también pasamos por dificultades y somos seres humanos. Los pacientes nos necesitan en buenas condiciones y con las mejores garantías. Recuerdo una sesión en la que iniciada la consulta tuve que pedir al paciente suspenderla porque me sentía con dolor de cabeza y no estaba en condiciones para atenderle con calidad. Lo entendió y, aunque hizo el viaje en balde, se fue con la confianza de que fui honesto. Podría haber fingido atención y estar pensando en el final de la consulta, pero afortunadamente no lo hice.

También cometemos errores, y pese a que sea humano confundirnos, es más humano aún reconocerlo delante de los pacientes para responsabilizarnos de ello e intentar repararlo.

No siempre logro ir a casa desconectando del trabajo. Porque ¿cómo se puede desconectar de ser testigo del dolor humano? Las impresiones de trauma que van quedando en mi memoria emocional necesitan resetearse periódicamente para realizar bien mi trabajo. Somos como un filtro para la diálisis de muchos pacientes. Necesitamos tomarnos descansos depurativos. Los pacientes tienen un solo terapeuta, pero el terapeuta tiene muchos pacientes.

RELATO 23

Recuerdo que siendo estudiante tuve un comportamiento bochornoso del que aún hoy siento vergüenza. La asignatura era Dinámica de Grupos y las prácticas consistían en preparar una sesión que luego dirigiríamos como terapeutas en el seminario de alumnos en clase. La asignatura se impartía en el tercer curso de la licenciatura y me atraía especialmente. Teníamos una sesión semanal y era participativa a modo de terapia grupal. Lo pasaba realmente mal porque la comunicación se bloqueaba y la participación era muy escasa.

El profesor de la asignatura tenía un rol diferente del que mostraba en las clases teóricas. En los seminarios prácticos permanecía en segundo plano y a menudo observaba detrás del cristal de la cámara de Gesell. Según avanzaba el curso mi nivel de frustración era mayor y empezaba a sentirme un poco *outsider*. La gota que colmó el vaso fue cuando preparé con mucho mimo una dinámica que incluía una relajación con fantasía guiada incluida y después la puesta en común. Llegó el momento de compartir impresiones y desarrollar el tema de fondo que no era otro que el de la identidad social y la comunicación honesta junto con la escucha activa. Nuevamente el resultado fue silencio bloqueado y falta de implicación en el ejercicio. Y estallé. Me levanté y, mostrando mi rabia, me fui de la sala. Al salir, el profesor me preguntó los motivos por los que abandonaba la sesión, y estaba tan frustrado que le dije que no podía hablar en ese momento y salí sin saber muy bien a dónde ni para qué. Según me alejaba de la universidad y me adentraba en la ciudad tomé consciencia del error. Me sentía ridículo y confuso por todo lo que había sucedido. No podía forzar a mis compañeros a cumplir mis expectativas con la asignatura. Y peor aún, agredirlos de semejante manera inmadura e irrespetuosa con los mecanismos de defensa de cada uno. La semana siguiente pedí perdón a todos en la sesión y comprendí que tenía un problema con mis aspiraciones en la asignatura y el enjuiciamiento a mis compañeros. Hablé con el profesor y me enseñó la importancia del respeto y la capacidad de adaptación. Yo daba por supuesto que siendo futuros terapeutas querríamos profundizar en nuestros sentimientos, pero no me daba cuenta del egocentrismo de mis expectativas.

Al finalizar el curso, tanto compañeros como profesor integramos aquella experiencia y yo me quedé con sensación de inmadurez. Me frustraba el ridículo ante compañeros y profesor.

Años más tarde, al comienzo de mi práctica clínica, tuve un regalo por parte de aquel profesor. Me derivó a un familiar directo para que lo atendiese en consulta. Algo dentro de mí quedó reparado entonces y me sentí aprobado como terapeuta.

EN CONCLUSIÓN

Los profesionales de la salud mental trabajamos con nuestra persona como herramienta fundamental de ayuda terapéutica. La relación con el paciente es determinante para una sana elaboración del duelo. Los psicólogos que nos dedicamos a la ayuda clínica necesitamos cuidarnos en lo personal y formarnos en lo profesional. Tenemos que evitar caer en el síndrome del desgaste profesional. Las características principales del mencionado desgaste son estrés, irritabilidad, insomnio y, sobre todo, distanciamiento vincular. Es decir, cuando al terapeuta empieza a no importarle lo que le cuenta el paciente. La falta de empatía, el enjuiciamiento aséptico y la prisa en evolucionar los trabajos terapéuticos son indicadores para pedir ayuda y realizar un descanso rehabilitador por parte del terapeuta. Las supervisiones con otros profesionales cualificados nos ayudan a tomar consciencia de nuestras propias necesidades que corregir y no contaminar a nuestros pacientes. Si parto de la metáfora que somos cajas de resonancia, periódicamente también nosotros necesitamos afinar nuestro piano interior. Mis pacientes saben que una vez al año me tomo un descanso depurativo para poder volver a consulta con más calidad y calidez.

Ante la tiranía de la felicidad perpetua, la bondad como alternativa

Parece que la religión que impera en nuestra sociedad es la de vivir a tope y aprovechar cada momento como si fuese el último día de nuestras vidas. Nos vemos rodeados de información *carpe diem* y los voltios de la intensidad vital aumentan. Buscamos sentir con mayúsculas la vida y de forma inmediata. Pero al igual que la noche y el día coexisten, en la vida no todo es un camino de rosas. Dicen que la felicidad es una actitud ante la vida, más que un estado permanente. También podemos entender que los momentos de felicidad nos llegan cuando satisfacemos necesidades concretas e importantes para nuestra vida. Exigirnos un estado de felicidad permanente se me antoja estresante. Está fuera de la armonía natural que incluye emociones de colores diferentes. Necesitamos hacerle sitio también a la trastienda de nuestras vidas y no solo buscar los escaparates lúcidos. Y lo digo no porque quiera ser un triste y soso, sino porque cuando me sienta triste e infeliz también tengo derecho a ser visible. Quizás necesitamos practicar la austeridad de los estímulos para poder apreciar la intensidad de cada cosa. Estamos acostumbrándonos a comer el yogur natural con mucho azúcar y nos atrofiamos en la capacidad de apreciar el dulzor que tiene la lactosa del yogur sin azúcar. Lo mismo nos ocurre en la vida con la búsqueda compulsiva de emociones intensas y alegría constante.

La muerte y las pérdidas irreversibles son una oportunidad para aceptar que no somos omnipotentes y que, aunque lo queramos, no podemos conseguirlo todo. No somos el gigante de nuestros sueños, pero tampoco el enano de nuestros complejos. La relación terapéutica ayuda al paciente a responsabilizarse de lo que elige y a lo que renuncia. No podemos estar en dos sitios a la vez. Elegimos honrar a nuestros muertos en la vida. Saber elegir y disfrutar de lo elegido es un buen método para reencontrar el sentido de la vida. Renunciar y no rumiar lo renunciado es una forma adecuada de sanar heridas pasadas. Si elijo estar trabajando renuncio a estar paseando. Por tanto, voy a disfrutar de la escritura y no rumiar lo que podría estar haciendo ahora paseando por ahí. La incongruencia de las quejas por lo que podríamos estar haciendo o lo que debería haber hecho nos sacan de la posibilidad de sacar el jugo a lo que hacemos en el presente.

Sabemos elegir e ilusionarnos con deseos, pero necesitamos aprender a renunciar y entender que en la vida no se puede conseguir todo. Necesitamos aprender a corregirnos en nuestra ansia de éxitos y saber que también los fracasos son parte de la vida. El sosiego, la calma y la tranquilidad son entendidos como algo menor ante la euforia e intensidad del éxito.

Buscar la calma discreta y la humildad silenciosa parecen cuestiones mediocres en una sociedad que nos empuja a la intensidad.

Sentirse feliz de forma constante es una mentira agotadora y generadora de estrés. Nos autoexigimos la perfección vital y escapamos del realismo humano. Platón reflexionaba sobre la verdad, la belleza y la bondad. Pienso que estamos acercándonos a una era social en la cual necesitamos recobrar el protagonismo de la bondad como verdadera belleza humana.

Hacer el bien y mantener una mirada bondadosa en nuestras relaciones interpersonales es una medicina de alto valor para la satisfacción vital. Procurar hacer el bien y ayudar cuando lo podamos practicar es sinónimo de bienestar para quien lo da y para quien lo recibe. Tener en cuenta al otro significa hacer honor a lo que nos caracteriza a los seres humanos, es decir, practicar la compasión como comportamiento virtuoso.

Leí una vez que una estudiante le preguntó a la prestigiosa antropóloga Margaret Mead cuál consideraba ella que era el primer signo de civilización humana. Y su respuesta fue: «Un fémur fracturado y sanado». En la vida salvaje, un fémur nunca sana porque solo puede hacerlo si alguien se preocupa de cuidar al herido. La consciencia del otro y la ayuda entre nosotros es lo que nos hace seres humanos.

Sentirnos en buenas manos fomenta lo mejor de nosotros mismos. Ayudar al otro hace que en nuestro cerebro se activen los mecanismos necesarios para sentirnos mejor, y se produce un efecto balsámico ante nuestras angustias y frustraciones. Las neuronas espejo, la empatía y la compasión forman parte de una red invisible de capacidades cerebrales que hacen posible que la humanidad evolucione solidariamente.

Practicar la bondad con el otro no exime de hacerlo también con uno mismo. Hacer bien al otro no significa tolerar el abuso propio. La bondad virtuosa incluye el respeto a quien somos y el valor de hacernos respetar ante el intento de manipulación del otro.

Ser complaciente por miedo al rechazo o el abandono de la otra persona denota carencias afectivas que derivan en la necesidad neurótica de aprobación. Ponemos, por tanto, la responsabilidad de nuestro bienestar afectivo en manos del otro.

Imaginemos la sensación de agradecimiento que nos invade al recibir la ayuda de alguien anónimo en un país desconocido y encontrar el lugar buscado cuando estamos perdidos. Pensemos en una situación médica grave en la cual nos tratan con bondad comunicativa poniéndonos en contacto con la persona adecuada o agilizando el resultado de la prueba diagnóstica. Aún no olvido aquella persona que me socorrió cuando tuve un accidente y esperó conmigo hasta que todo estuvo controlado. Me emociono al recordar la presencia de mi buen amigo al salir del tanatorio cuando apenas había salido aún el sol y me dijo: «No te preocupes de ningún trámite, deja todo en mis manos». Estas personas son las que sin decirlo abiertamente están salvando el mundo, tal y como insinuaba Borges en su escrito sobre los justos.

Caminamos hacia una sociedad individualista y parece que la pandemia, en algunos casos, nos da la oportunidad de parar y valorar nuestro sentido vital. La conciencia del otro es una receta concreta para evolucionar desde el egocentrismo hacia el sentimiento de pertenencia que encontraremos juntos en el nosotros. Ayudar al prójimo nos abre la mente emocional y nos desatasca de las obstrucciones afectivas que nos frustran. Dar es una manera de recibir, y quien empieza primero a dar demuestra inteligencia emocional. Quien espera recibir para luego dar aplaza o pierde la sensación de bienestar que se experimenta al hacer el bien. Redescubrir la bondad inocente parece que es sinónimo de inmadurez o ingenuidad. Aún pensamos que ser bueno es sinónimo de ser tonto. Todavía parece más inteligente la demostración de poder ante el otro en sus múltiples formas posibles. Parece que para triunfar y tener éxito tenemos que ponernos por encima del otro. Ganar y competir, para triunfar y destacar. Hoy en día nos han inculcado que el tener éxito en la vida es sinónimo de ser el mejor en algo. Nos cuesta enseñar la importancia de compartir el éxito con el otro. Alegrarnos por los éxitos de nuestros amigos puede ser un buen antídoto. Aprovecharse del otro parece menos pecaminoso que el hecho de que se aprovechen de ti. Queremos destacar de la mediocridad que sentimos en una generación vaciada de sentido. La vacuidad del ser denota la crisis de ideologías y la desafección de la creencia en las personas. El testimonio del comportamiento bondadoso entre personas nos puede ayudar quizás a confiar en el otro. No son solo las palabras, sino los hechos los que nos llegan al corazón y abren las pupilas.

No es tarea fácil el actuar con bondad en unos tiempos en los que desconfiamos del otro. Pienso que el intento de cambiar la mirada nos abrirá un horizonte de salud perenne. Hacer el bien es contagioso, nos acerca al otro, nos enseña a sentirnos mejor y no es un error. No es una cuestión única de la infancia y es algo que plantear como educación en valores educativos.

Practicar la bondad es terapéutico y a la vez preventivo, pero sobre todo es del todo saludable y nos acerca a la felicidad compartida. Basta ya de tanta demostración de poder que nos separa del otro. Sufrimos la despersonalización en las relaciones sociales y nos estamos deshumanizando.

Necesitamos ser vistos como personas en el comercio, en el banco, en el hospital, en la administración, en la universidad, en cualquier gestión en la que estemos involucradas las personas. Sentir que nos tienen en cuenta y ser escuchados con respeto para ayudarnos en lo que puedan hacer por nosotros.

Propongo un sencillo ejercicio de salud mental que podríamos practicar desde hoy mismo y nos llevará un minuto cada día. Sé que la meditación compasiva y la oración son dos maneras ancestrales de trabajar la bondad. Pues bien, sugiero pensar cada día y durante un minuto en una persona a la que hayas ayudado en algo a lo largo de ese día. Quizás entrenamos la consciencia y la actitud de ayudar al prójimo como a ti mismo.

RELATO 24

Ella vino a consulta con apenas veinticuatro años. La angustia y el bloqueo mental la paralizaban vitalmente. Muy pronto comprendí lo que para ella suponía la muerte de su abuelo. Al historiar y anotar información sensible para elaborar un diagnóstico adecuado, constaté que sus padres biológicos murieron de sida cuando ella aún estaba en edad preverbal. Por aquella época su abuelo enviudó y fue quien se hizo cargo de la menor. Inmediatamente comprendí lo que significaba la muerte de su abuelo por un infarto. Murió de repente y no pudo despedirse de la persona que la había salvado de morir emocionalmente. Ella no había desarrollado la enfermedad siendo bebé y desde sus primeros pasos tuvo que adaptarse al estigma social que suponía la enfermedad de sus padres y la mirada social enjuiciadora. Eran también tiempos duros por la influencia mundial de otro virus que solo en España se cobró más de sesenta mil vidas humanas, el VIH.

Desde pequeña se acostumbró a ir de la mano del *aitona* a la escuela. Recordaba la variedad de bocadillos que le preparaba y la visera que le ponía cuando hacía sol. Aunque no fue mucho a los parques, sí tuvo un vínculo estrecho y seguro. Es lo que llamamos en psicología un «apego seguro». Su abuelo era un hombre discreto y a la vez presente. Sin mucho ruido, pero con mucha presencia. Sin mucho colorido, pero con mucho fundamento. En la terapia fuimos reconstruyendo recuerdos y vivencias que ella tenía con su *aitona*, de tal forma que la incredulidad ante el impacto de la pérdida se fue disipando desde el bloqueo angustioso hacia la tristeza nostálgica. Pudo también elaborar recuerdos simbólicos de sus padres biológicos gracias al álbum biográfico que el abuelo había construido para que la nieta supiera quiénes eran sus padres. Hoy es el día que ella recuerda a su *aitona* con serenidad y admiración, pero sobre todo con profundo amor. Aunque no lo pude conocer, estoy convencido de que fue un hombre feliz con la vida que le tocó ir desarrollando. Supo adaptarse a sus circunstancias de vida aceptando la realidad en la que vivía. No resignándose a lo que faltaba, sino eligiendo levantarse humildemente para buscar la armonía en la vida.

EN CONCLUSIÓN

Vivimos en una época de culto al hedonismo y el placer como nueva religión. Es una consecuencia del desarrollo del narcisismo en el cual nos enamoramos de nosotros mismos y buscamos la idealización constantemente. La búsqueda de intensidad de emociones, en ocasiones, eclipsa los detalles cotidianos que pasan desapercibidos como cuestiones menores. Todas esas realidades cotidianas y sencillas son las que más recordamos de nuestros seres queridos cuando han muerto. Pongo como ejemplos: el olor a café por la mañana en la cocina, el descanso en el sofá después de una tertulia agradable en la sobremesa, un paseo por la playa hacia el atardecer o volver a casa después de una cena con amigos y saber que todos estamos bien y bendita normalidad. Abogo por la bondad y la ayuda al otro como un buen puente hacia la felicidad compartida.

Sabernos mortales nos humaniza

El nivel intelectual, la mente, es el plano que gobierna a la persona y controla la conducta. Cuando una emoción sentida busca expresarse y la persona no lo hace, entendemos que nuestra mente ha reprimido la expresión de esta emoción por algún tipo de temor. Sabemos que esta actitud puede resultarnos adaptativa en muchas ocasiones, e incluso la interpretamos como signo de madurez, al prevenirnos de una situación amenazante. El conflicto surge cuando esta prohibición mental se perpetúa y automatiza en la persona en cuestión. La tensión interna que genera tal frustración necesita expresarse de alguna manera y es en el cuerpo donde encuentra la manera de que «se le haga caso».

Existe la necesidad de alfabetizarnos emocionalmente. Saber que un «no sé qué me pasa» puede decirse también como un «siento rabia», o un «me duele la cabeza» quizás sea sinónimo de «¡siento miedo de no llegar a todo!». Nos movemos en un plano de sensaciones que están desconectadas de un sentido integral de la persona, así estamos como ausentes o viviendo una realidad virtual.

Poder identificar las sensaciones corporales con sentimientos y, en correspondencia, saber cómo actuar en relación con ellos requiere que nos habituemos a verlas en nuestro entorno y, por tanto, admitirlas como humanas. Si un niño nos pregunta si estamos enfadados, cuando de hecho lo estamos, y le decimos que no, estamos invitándole a confundirse y a interpretar fantásticamente la realidad «entre líneas». Le obligamos a que niegue su asociación natural de ceño fruncido igual a rabia, y a que aprenda de memoria que ojos rojos quieren decir «invasión de mosquito». ¿Podemos decirle «¡sí, estoy enfadado!»? Esta es la manera de que el niño me crea y sepa que también él puede hacerlo, puede enfadarse, y, además, aprenderá a confiar en expresar las emociones que siente como ciertas. Cuando se nos acelera el corazón, nos sudan las manos, sentimos un ahogo en el pecho... nos estamos preparando para defendernos de una situación amenazante.

A menudo, esta amenaza está en nuestra mente y pertenece al pasado. Vivimos construyendo un futuro que nace de un pasado no actualizado en el presente. Esto nos lleva a cometer una y otra vez errores similares. Es decir, en lugar de ocuparnos de las dificultades, nos preocupamos de los problemas. Volvemos a caer en el error de remar en direcciones diferentes, la emoción por un lado y la mente por otro. Por tanto, el cuerpo tiene que poner orden y manifestarse para imponer el principio de realidad.

El cariño incondicional es, a mi juicio, el ingrediente fundamental para un vínculo de apego sano y seguro. Para esto es necesario acoger también el dolor y la frustración como parte de la vida, y es sobre este aspecto donde centro estas líneas.

Entiendo la inteligencia emocional del ser humano como la conciencia de vida y de muerte. Esto es, el sabernos protagonistas de lo que nos ocurre en nuestras vidas, tanto en el placer como en el dolor. Claro que, mientras ante el placer nuestras hormonas sonríen, ante el dolor nos encogemos por el miedo.

Uno de los estímulos principales para el despertar de la inteligencia lo podemos encontrar en saber posponer el placer. Me explicaré: la niña que sabe esperar a comerse el chicle hasta después de comer el bocadillo sabe también confiar y desarrollar la esperanza en un incentivo futuro. Así, aprende a valorar el esfuerzo y se ilusiona en aras de una meta a conseguir. Incluso en algunos casos comprende que el domingo es el día en el que va a la tienda y se compran las chuches. Observemos la organización mental que requiere el aceptar la frustración momentánea de no comer chuches entre semana, porque han integrado el no como parte del «trato». Un trato que siempre debe de cumplirse, pues precisamente consiste en confiar con esperanza. La paciencia es como un árbol con raíces amargas y frutos dulces.

Afortunadamente el ser humano ha desarrollado medicinas para paliar el dolor físico, mejorando nuestra calidad de vida y ayudándonos a tener una muerte digna. El dolor que podamos evitar nos aliviará en nuestro camino, no es cuestión de convertirnos en mártires buscando la purificación divina. Ahora bien, el dolor emocional también cuenta aunque no se vea en una radiografía, y es en este dolor donde voy a poner la atención ahora.

Resulta llamativo cómo sabiendo que vamos a morir con un cien por cien de fiabilidad, es decir, no hay margen de error alguno, negamos la muerte como si fuésemos inmortales. Pensamos que pasa lejos o al vecino, pero nunca a nosotros. Está claro que de la evitación de algo doloroso hemos pasado a la negación de su existencia, y he aquí donde construimos el tabú.

No parece muy inteligente por nuestra parte generar unas expectativas de inmortalidad que nos atrofian los recursos de adaptación, necesarios para la integración de las pérdidas y los desapegos que son inherentes a la evolución de las personas. El dolor es como nuestra sombra, que nos empuja desde el momento del nacimiento y nos acoge en el último viaje. Algunos opinan: «Somos olas que al morir en la playa se reúnen en el mar».

Desde mi experiencia profesional en la elaboración de duelos, entiendo que el aprender a vivir con el dolor y encontrar un nuevo sentido a la vida es el objetivo de muchos padres que han perdido algún hijo, por citar un tipo de pérdida. El dolor tan desgarrador resulta a menudo incomprendido por una sociedad a la que le incomoda el llanto continuado y tiene prisa por ver ya recuperado al doliente. Sin duda, es el temor al propio dolor el que les aleja de personas en sufrimiento. La elaboración sana de una pérdida de forma resiliente puede generar en el paciente una capacidad de afrontar las crisis diferente y más fortalecida. Las distintas fases y estados anímicos por los que se atraviesa en un proceso de duelo son complejos de recoger en unas líneas, pero me gusta decir que los colores son como el sufrimiento de la luz en el arcoíris.

El tomar conciencia de nuestro dolor nos enseña a reconocer nuestras limitaciones, salir del perfeccionismo, reconocer el propio vacío... Sabernos mortales nos humaniza. No se trata de tener todo lo que queremos, se trata de querer todo lo que tenemos. No podemos ser otra persona que la que somos, pero sí podemos ser toda la persona que somos y en nuestras manos está el darnos permiso para mostrarnos al mundo de forma auténtica. Podemos entender la salud psicológica como un proceso de liberación interior, a través del cual nos vamos enfrentando a temores infantiles que nos esclavizan de fantasmas imaginarios. El amor no es tolerancia pasiva, necesitamos confrontación amorosa.

Dependiendo de nuestra actitud, actuaremos como una mosca que es capaz de encontrar un excremento en un campo sembrado de flores. O bien actuaremos como una mariposa que sabe encontrar una flor en medio de un campo de estiércol. Vivimos en una época en la que nos faltan referentes de héroes virtuosos. Pienso en las personas que he conocido en consulta y se han enfrentado en silencio a sus miedos. Son héroes anónimos de carne y hueso que han sabido ser virtuosos ante las desgracias de la vida.

Ser virtuoso significa habernos demostrado a nosotros mismos la capacidad de enfrentarnos a nuestras dificultades y lograr crecer para seguir viviendo con más libertad aún si cabe.

Hoy en día hemos pasado a confundirnos con una permisividad catastrófica en la educación de nuestros hijos, y esto les genera mucha inseguridad. ¿Dónde están los límites? ¿Cómo salir del egocentrismo narcisista? ¿Ya no ayuda el corregir para aprender porque pensamos que se lo van a tomar a mal y les podemos herir?

La capacidad de tolerar la frustración posibilita el creernos capaces de construir un futuro con ilusión. En nuestra sociedad, hemos desmembrado excesivamente el binomio placer-frustración. Desde mi punto de vista, el hilo conductor que necesitamos para unir ambas polaridades es la esperanza. Como decía al principio, «la capacidad de esperar».

El confiar nos refuerza la autoestima, atempera nuestra paciencia y, sobre todo, nos ayuda a ser conscientes de lo que queremos realmente y no de forma mercantilista. Aprendemos a visualizar un futuro que colme la frustración momentánea y así, al obtener el objeto, sabemos gozar con intensidad y sabor a premio.

Debemos ampliar nuestro umbral de consciencia y permitir así que podamos representar mentalmente una realidad temida sin atemorizarnos por ello. Educarnos para la vida consciente pasa por integrar también lo doloroso y entender nuestra humanidad. Quizás así cooperemos también como especie. Una vez escuché que solo las especies que colaboran son las que perduran y evolucionan. Entendamos pues, como Darwin nos animaba ya a trascender nuestro egocentrismo. Como decía Teilhard de Chardin, «Todo lo que se eleva converge», y es aquí donde encontramos el apoyo necesario para dar estructura y hablar así del sentido de la vida. Trascender nuestro pensamiento egocéntrico en virtud de la humanización consciente.

RELATO 25

Estaba recién entrado a la quinta planta de la vida cuando hicimos una de las revisiones puntuales que realizábamos una vez finalizado el proceso de terapia. Venía de hacer un buen trabajo de introspección que le ayudó a reorganizar su vida en los años previos. Tomó varias decisiones complejas tanto en lo profesional como en lo personal y nuestra alianza terapéutica permitió elaborar aspectos dolorosos de su autobiografía. En aquella cita de revisión compartió conmigo la idea de la donación anónima en vida de uno de sus riñones. Me pidió ayuda para sentirse entendido, orientado y respetado. En su entorno era cuestionado y muchos de los comentarios que recibía eran de riesgo. Riesgos de salud y dudas sobre el significado psicológico de una decisión que extrañaba a muchas personas de su entorno. Estaba satisfactoriamente casado y había dejado atrás las dificultades de su divorcio. Mantenía una extraordinaria relación con sus hijos y era un respetado médico en su entorno profesional. Él se informó muy bien antes de tomar la decisión de la donación y consultó los riesgos con especialistas adecuados. Decía sentirse tildado de egoísta y no pensar en sus allegados, los cuales estaban preocupados y creían que se exponía sin necesidad alguna. No quería hacerlo para salir en la foto. No lo hacía para hacerse daño y ponerse en riesgo. No sufría un trastorno psicológico. Pero se sentía solo ante la idea. ¡Claro que también tenía miedo y dudas antes de tomar la decisión! No entendía el fervor con el que veneramos a personas que arriesgan su vida subiendo a grandes montes o realizando pruebas que bordean la muerte y, en cambio, él era tildado de alocado por su idea.

La amputación de una pierna tras sufrir congelaciones a más de ocho mil metros de altitud y ser recibido como un héroe contrastaba con el enjuiciamiento moral que recibía ante la idea de ayudar a un desconocido de forma anónima. El riesgo de morir como un héroe delante de un toro es visto con honor y valentía, mientras que la donación en vida de su riñón a un desconocido para salvarle la vida lo cuestionaba todo el mundo. Incluso la posibilidad de donar el riñón ahora y perder la posibilidad de hacerlo con algún familiar el día de mañana si lo necesitase era otra cuestión que también tuvo que escuchar. Él quería tomar una decisión libre para ayudar de forma altruista y se sentía juzgado como un egoísta que no pensaba en el daño que sembraba en su entorno.

Afortunadamente su pareja lo respetó en la decisión y lo acompañó en todo momento durante la intervención. Una intervención en la que su pareja me contaba cómo lo trataron de forma muy mejorable. No es que hubiese que poner una alfombra roja, pero tampoco lo contrario. Hizo un escrito de queja tras la intervención a quien correspondía por el trato recibido. Afortunadamente la operación salió bien y el receptor fue trasplantado con éxito y sin sufrir rechazo alguno.

Era uno de los miedos que tenía mi querido paciente. La posibilidad de que el riñón no hubiese sido trasplantado con éxito.

Recuerdo su mirada de alegría serena al vernos tras el proceso. Muchos años atrás una hermana suya murió por falta de un riñón compatible. De alguna manera al donar ahora sentía que la alegría de la familia receptora era celebrada de una forma humana y humanista. La donación se hacía dentro de la familia humana que somos. Sabemos que podemos vivir con un riñón y lo donamos a un hermano o amigo con admiración del entorno. Aún tengo un buen trato con él y me dice que sigue creyendo en la bondad de las personas. Yo lo respeto mucho, como buen profesional que es, y lo admiro como referencia humana de persona buena. Ser bueno no es ser tonto.

EN CONCLUSIÓN

Saber que la muerte forma parte de la vida desde que nacemos es lo que nos ayuda a sentirnos unidos como seres humanos. Ayudar a los otros siempre que podamos nos ayuda a sentirnos bien. Ya sé que somos desconfiados y esperamos recibir antes que dar, pero si lo practicamos de forma consciente entenderemos lo que significa la satisfacción de ser seres humanos. No es necesario esperar a las grandes crisis de la vida para empezar a entrenarlo. Entiendo que la muerte es el límite existencial que nos coloca ante la humildad. Nos cura de la omnipotencia y el egocentrismo narcisista. Es como despertar de un mundo que parece de mentira e inmortal a un mundo caduco y con oportunidades de vivir a corazón abierto. Como el momento que anhelamos tener con nuestro ser querido ya fallecido, cuando expresamos lo que daríamos por tener solo un momento más con ellos. A buen seguro les diríamos te quiero y gracias por todo.

Muerte, duelo y esperanza

La esperanza es una de las necesidades fundamentales que tiene una persona que viene a pedirnos ayuda tras la muerte de un ser querido. Buscan alivio y necesitan saber que podrán vivir con lo que les ha ocurrido. Más que palabras bonitas o metáforas sobre el más allá, en mi práctica clínica he observado la esperanza de que es posible levantarse tras semejante trauma. No se trata de inocular esperanza de forma ortopédica, más bien, la esperanza consiste en saber que si otras personas lo han logrado significa que es posible. Aunque al principio pensemos que nos estamos volviendo locos y que ya no volveremos a recuperar las ganas de vivir, la realidad no es así y las vivencias testimoniadas de otros seres humanos nos servirán de ayuda.

He visto casos en los cuales se buscaba una conexión espiritual con el fallecido. Acercarse a través de lo religioso o esotérico para aliviar la pregunta del después de la muerte. Personas que necesitan certezas espirituales y que consultan también a videntes para aliviar la angustia existencial. En demasiadas ocasiones se intenta hacer una infiltración de esperanza a personas rotas por el dolor. El pilar fundamental del cristianismo es la resurrección. Observo un discurso falto de contundencia testimonial que alivie a las personas creyentes. El liderazgo espiritual parece que tuviese un cierto complejo racionalista a la hora de iluminar el camino de la esperanza con la resurrección.

He conocido también a personas ateas y convencidas del final eterno. Incluso personas con gran capacidad de expresión escrita al respecto y que narraban con brillante nitidez la cronicidad del dolor para dibujar una supervivencia crónica. Referentes intelectuales que han reivindicado el derecho a la verdad melancólica como alternativa al supuesto engaño del más allá. Al leer sus textos es fácil identificarse con las características de las primeras fases del duelo en las que el dolor, la rabia y la incredulidad ante lo sucedido eclipsan el discurso esperanzador. ¿Qué ocurre con nuestra capacidad de creer?

Los primeros años del menor son fundamentales para entender el desarrollo de creencias psicológicas. Los automatismos adaptativos programan nuestra respuesta de supervivencia emocional en años en los que el pensamiento mágico y el juego simbólico son las gafas con las que interpretamos el mundo. Las respuestas fijadas en dichos años antes del proceso de mielinización, alrededor de los siete años, son la antesala de las predicciones sobre el futuro que irá tejiendo nuestro cerebro. La anticipación catastrofista del incierto futuro o la anticipación resiliente ante lo desconocido sienta aquí los pilares del posterior desarrollo de la personalidad. El posterior pensamiento concreto y las operaciones formales configuran la consecución del pensamiento abstracto, es decir, especular sobre lo que no conocemos para crear en nuestra mente una especie de GPS que nos guíe ante la incertidumbre de lo desconocido.

El ser humano desarrolla la inteligencia desde el nacimiento con los reflejos instintivos, comenzando por el cuerpo. Los movimientos motores y la delicada actividad sensoriomotriz nos ayudan a la fina adaptación al medio. El cuerpo se sintoniza con la actividad cerebral. Se ajustan las emociones y los pensamientos en armonía corporal. El sistema nervioso autónomo se desarrolla como una base reguladora en el cuerpo que automatiza respuestas adaptativas a la realidad externa y la psicodinámica interna. La psicomotricidad ayuda a integrar aquellos aspectos sentidos pero no pensados o procesados que quedan fijados en la expresión corporal. Este piloto automático de respuestas se fija con base en el estilo de apego que afianzamos con nuestros seres queridos. El apego seguro nos permite explorar lo desconocido con la esperanza tranquila de que ellos están cerca aunque no los veamos. Pero no siempre se da un apego seguro.

Cuando no se ha fijado la mencionada seguridad afectiva, el apego inseguro genera tres tipologías de respuesta habituales:

Un tipo de apego es el evitativo. La característica principal es el miedo paralizante y evitativo, con lo cual el niño se sobreadapta al medio sin manifestar su necesidad. En los duelos adultos la persona racionaliza el dolor y le cuesta pedir ayuda. Controla la emoción y le cuesta abandonarse a la expresión del dolor.

Otro tipo es el ansioso ambivalente. La característica principal es el miedo desregulado y la ansiedad. El niño reclama constantemente y angustiado la presencia de la figura de apego. En los duelos adultos la persona siente un vacío insaciable y la demanda de atención es constante. Si la recibe teme perderla, por lo que requiere la confirmación constante de mantener la ayuda y no ser abandonado.

El tercer tipo de apego es el desorganizado. La característica principal es el miedo confusional. En la infancia han recibido malos tratos y asocian la vinculación al riesgo. Cuando vinculan temen la respuesta impredecible de la figura afectiva y por tanto le provocan para comprobar que no recibirán represalias y son dignas de fiar. En los duelos adultos la persona cuestiona y desafía constantemente a quien intenta ayudarle. Pone en duda la credibilidad e intenciones del ayudador.

En el citado desarrollo de la inteligencia el estado pre-yo identitario necesita de un tú nutritivo y guía seguro para que el yo pueda constituirse de forma sana. Sabemos que cuando no es así la dependencia y el mendigar emocionalmente en busca de la aprobación de nuestro comportamiento para ser queridos marca la identidad inmadura. En otras ocasiones el pre-yo también se da en formato de narcisismo y la persona desarrolla la manipulación del otro para sentirse seguro.

La necesidad de reconocimiento insaciable marcará el egocentrismo que define a este tipo de pre-yo narcisista.

Cuando el yo o la identidad de la persona se desarrolla de forma sana, nos acercamos a trascender el estadio del yo. No se trata de buscar una realidad transcendental en el más allá. En mi opinión, desarrollamos la consciencia del otro y tenemos en cuenta a la otra persona como es. No para buscar su aprobación, ni para aprovecharnos para nuestro egocentrismo. Lo vemos como es y construimos un nosotros sano.

Por tanto, la esperanza y la espiritualidad pasan por salir de nuestro egocentrismo y encontrarnos en el espejo de otros seres humanos que nos entienden, orientan y sirven de referente para volver a creer en la vida con confianza. Desde el pre-yo, caminamos hacia un yo sano que nos permita ver a un tú sin distorsiones. Ver al tú maduro desde el yo maduro nos permitirá salir del pre-nosotros de codependiente para encontrarnos con la pertenencia a la condición humana.

Las personas creyentes a las que he acompañado estos años en duelo encuentran en la fe un gran punto de apoyo. Vivimos una época en la que hablar de espiritualidad nos avergüenza por la censura racional ante las creencias espirituales. Hemos pasado de la perestroika católica al nihilismo utilitarista. Al igual que de niños necesitamos un apego seguro, de adultos buscamos algo que nos ayude a encontrar el sentido del caos imprevisto que deja la muerte.

RELATO 26

Recuerdo un hombre que estaba acercándose al final de la vida en la unidad de cuidados paliativos en la que yo realizaba mi labor como psicólogo clínico. Tenía setenta y cinco años y su mujer no se despegaba de él en ningún momento. Él tenía una conversación serena y lo recuerdo consciente de su situación. La medicación controlaba el dolor y tenía momentos serenos en los que observaba una relación admirable en ellos como pareja. Ella le cogía la mano y le acariciaba la cabeza. Él la miraba con cariño y agradecimiento. En el equipo estábamos preocupados también por ella y su cansancio acumulado. Apenas descansaba por las noches y tenía un estado general de agotamiento avanzado. Le sugerimos varias veces que pasara la noche en casa de su hija y que a primera hora subiese al hospital, pero no quería turnarlo y prefería permanecer junto a él las veinticuatro horas. Un día que ya tenía las piernas muy hinchadas y el agotamiento era extremo, se permitió bajar a dormir a casa a condición de permanecer en contacto telefónico. Aquella noche, mejor dicho al amanecer, él murió.

Entré al hospital un poco antes de lo habitual y me encontré con la noticia. Estuve con ella y me pidió estar un rato a solas con su marido para asearle y vestirle con el traje que habían hablado previamente. También nos recordó el tanatorio que prefería utilizar por la ubicación y el espacio natural que representaba. Lo que más me impactó de la historia de aquella pareja fue cuando ella me dijo que ahora lo entendía: «Antes no había podido ver que él necesitaba estar solo para poder irse en paz y que mi presencia le generaba pena por dejarme aquí sola. No quería hacerme sufrir, pero no podía aguantar más». Una vez que preparó a su marido de forma delicada y amorosa, le dio un beso y le dijo: «Cariño, espérame allí y hazme un sitio para cuando yo vaya contigo». Estaba apenada y serena, como ocurre con las personas que sienten la certeza del reencuentro.

EN CONCLUSIÓN

El concepto de esperanza está relacionado con el estilo de apego afectivo que hemos construido en la infancia. Es cierto que a lo largo del ciclo vital se nos presentan crisis y oportunidades de ir actualizando y modificando dicho tipo de apego. Pero el piloto automático que nos coloca en respuestas repetitivas a situaciones semejantes necesita de trabajo y consciencia para desarrollar un piloto manual para elegir y renunciar en las decisiones de la vida.

La esperanza es el antídoto ante el miedo a lo desconocido. Cuando el niño se queda solo en la guardería pero aprende a confiar en la adaptación y sabe que vendrán a buscarle, ese niño está desarrollando el concepto de esperanza.

En nuestro desarrollo madurativo partimos del pre-yo hasta construir un yo. El trans-yo no está en el más allá, sino en tener en cuenta al tú. Así, construimos un nosotros maduro. La meditación y la introspección son herramientas para aprender a estar en contacto con nosotros mismos y, no se nos olvide, acercarnos a los demás.

La comunicación en el duelo

«No es posible no comunicar» es uno de los famosos axiomas de la teoría de la comunicación humana (Paul Watzlawick). En las situaciones de duelo anticipado se dan fenómenos de conspiración de silencio, es decir, todos saben y todos callan. Es el miedo a herir sin darnos cuenta del disimulo visible y translúcido a través de la comunicación no verbal. Disimulamos el diagnóstico y evitamos hablar sobre el pronóstico. Fingimos una normalidad que infantiliza al protagonista enfermo y él sigue el juego porque sabe que es duro para nosotros. Corremos una cortina de negación y evitación sobre las emociones de la muerte próxima y nos esmeramos en tareas ocupacionales, sin tratar el verdadero tema a tratar: la muerte y la despedida de la vida.

Para que exista una comunicación adecuada necesitamos fundamentalmente dos elementos. Por un lado, la honestidad a la hora de contar lo que pensamos de forma libre y verdadera, es decir, atrevernos a ser nosotros mismos. Y por otro lado, la escucha activa y validadora de lo que nos cuentan. No cuestionar ni enjuiciar en primera instancia. Si ambos ingredientes se dan a la vez, la profundización en el diálogo se hará posible.

El miedo inunda la comunicación en los procesos de duelo. Antes de la muerte y en el proceso de enfermedad, tendemos a evitar el tema creyendo que así hacemos menos daño. Después de la muerte también evitamos sacarlo porque creemos que centrando la atención en otros temas se olvidará antes la ausencia.

En ambos casos el resultado es la soledad comunicativa ante un tema que necesitan tratar los protagonistas del duelo.

Comunicar una enfermedad con pronóstico paliativo y, por tanto, sin posibilidad de curación requiere de tacto y habilidad. Sintonizar con el paciente significa interesarnos por su identidad y no solo preguntarle sobre lo que tiene. Cuando el profesional se acerca al paciente y pregunta por lo que sabe sobre su enfermedad, este se pone alerta.

El paciente empieza a sospechar que nada bueno le espera. Tiene derecho a saber y el profesional la responsabilidad de comunicar adecuadamente. No conviene hacerlo de forma jeroglífica, pero tampoco a bocajarro y sin empatía.

Vuelvo a mencionar el metalenguaje como instrumento fundamental. En ocasiones, también la música es una forma excelente de comunicación para poder integrar la información de forma emocionalmente asimilable. La música es un recurso fundamental que sirve como punto de apoyo emocional para integrar la información traumática. Al igual que la polea nos ayuda a mover grandes pesos, la música nos facilita la asimilación y drenaje emocional en las fases tempranas del impacto traumático.

El manejo de los silencios es fundamental en el proceso de acompañar un duelo. Los silencios pueden ser insoportables para el ayudador profesional. Los consejos contrafóbicos y las técnicas compulsivas para rellenar la incomodidad que sentimos ante la desnudez del vacío en el paciente nos delatan en nuestra incapacidad para estar presentes y con calidad ante la persona sufriente. Necesitamos escuchar el silencio del paciente para entender su verdad y no pretender que encaje en nuestras expectativas curativas. No me refiero al silencio que incomoda al paciente y que manejamos de forma ausente y aséptica, alargando un silencio que no entiende el paciente. Dicho silencio revictimiza aún más al paciente y necesita sentir que hay alguien con él y que respeta su silencio, facilitando así la comunicación sin invadirlo. El terapeuta toca la puerta cerrada con los nudillos y espera a que el paciente mire en la intimidad de la mirilla. No debemos forzar la cerradura y mucho menos derribar la puerta, porque lo único que lograremos es que el paciente ponga más pestillos y doble cerrojo. El silencio verbal es una gran oportunidad para la comunicación gestual.

Animo a los lectores a utilizar el gesto, la mirada, el contacto y no solo la palabra estereotipada en las visitas a los tanatorios. Un abrazo sincero y un gesto de proximidad son las mejores palabras de consuelo.

RELATO 27

Era una mañana de un día cualquiera cuando recibí la llamada de una compañera para atender la muerte de una colega. Hablé con su pareja y me contó que ella se encontraba en la UCI aquejada de una infección mortal. Nos vimos a la hora de la llamada y pactamos que fuese a recoger a sus hijos a la escuela y los trajese a casa para darles la noticia en un espacio seguro. Una vez en casa les contó a todos a la vez la realidad irreversible de la *ama* y las escasas horas que quedaban antes del final. Les propuso elegir algún objeto significativo de la *ama* y hacerle un dibujo. El padre escribió una carta en representación de la familia y la leyó en voz alta ante sus hijos con un final en el que cada uno le decía algo a su madre.

Grabó la lectura en casa y de fondo puso la canción que todos sabían que a ella le gustaba y cantaban en familia. Él marchó al hospital por la tarde en el horario de visita habilitada. Llevó cada uno de los objetos que situó en la cama de ella, junto con los dibujos realizados.

Acto seguido le puso junto al oído la grabación de la carta de despedida con cariño y gratitud que previamente realizó en casa con sus hijos. Afortunadamente tuvo tiempo de hacerlo antes de que a la mañana siguiente su corazón dejase de latir.

Para sus hijos, el objeto elegido era el vínculo simbólico que guardaron como un tesoro junto al dibujo y la asociación fijada en la memoria de la canción elegida de fondo. Una música que les acompañará durante toda su vida. Al principio con ruido doloroso y luego como un hilo musical de fondo con el que seguir viviendo en armonía.

El padre continuó su trabajo terapéutico para drenar su vacío y responsabilizarse de su duelo para que sus hijos no tuviesen que responsabilizarse de él ahogando sus propios procesos en forma de *role reversal* o parentalización. Esto ocurre cuando los menores, ante el gran miedo a la orfandad, se erigen en cuidadores del padre superviviente y no se permiten expresar sus propios duelos para no añadir más dolor al cuidador.

En su proceso se integró a un grupo terapéutico con otras pérdidas en el cual pudo dedicarse a su duelo a tiempo completo y sin tener que disimular por miedo a dañar a los demás. Se sentía protegido y orientado en una situación en la que tememos perder la razón por la intensidad de la emoción.

EN CONCLUSIÓN

La comunicación no verbal es fundamental en los procesos de duelo. Informar sobre la verdad soportable que existe tras la conspiración de silencio en los pronósticos paliativos es la clave para un adecuado proceso de duelo. El disimulo y la evitación informativa nos lleva a cambiar de tema y dejar desprotegido al enfermo que necesita ser informado con claridad y afecto. Mirar para otro lado y fijar nuestra atención solo en tareas ocupacionales es perder la oportunidad de despedirnos con conciencia y dignidad.

Para que la comunicación sea relacional necesitamos expresar con honestidad lo que opinamos y ser escuchados activa y empáticamente. Es decir, validar primero lo que nos cuentan sin cuestionarlo o enjuiciarlo hacia lo que debería sentir o pensar cuando nos cuentan algo difícil de digerir emocionalmente. Resulta mucho más ayudador y efectivo el seguir preguntando que dictar sentencias que bloquean la narración del miedo.

No dejemos solas a las personas cuando más comunicación necesitan en el final de la vida. Y tampoco dejemos solas a las personas que necesitan cobertura emocional comunicativa cuando han perdido a un ser querido. No tocar el tema es sinónimo de mirar a otro lado y negar el saludo a alguien que nos mira para charlar.

Bioética

Entiendo los criterios de «no maleficencia» —no hacer daño— y «beneficencia» —curar— a la hora de tomar decisiones éticamente difíciles. Rara vez lo elegido es neutro, y no podemos pensar que no pasa nada si obviamos lo sucedido y dejamos pasar el tiempo. Lo que hacemos tiene consecuencias y lo que no también deja otras huellas. Por tanto, es nuestra responsabilidad tomar decisiones de forma ponderada e integral entre los riesgos y beneficios. Hablar de la sedación paliativa implica un criterio consensuado y no impuesto.

Desde la salud mental, la atención de ayuda al paciente tiene como primer objetivo el de no hacer daño al paciente. Es decir, no revictimizar al que ya sufre de antemano. A veces, y sin darnos cuenta, enjuiciamos, reñimos y cuestionamos lo que siente la persona que acude a nosotros en busca de ayuda. Los prejuicios que albergamos los terapeutas y que permanecen ciegos a nuestras conciencias es un tema que corregir en nuestros propios espacios de supervisión clínica.

La bioética es un tema fundamental y que durante la pandemia ha saltado a primera plana con tantos duelos complicados y tantas decisiones difíciles al priorizar los pacientes en las UCI, con base en su autonomía, no maleficencia, beneficencia y equidad. Incluso despedidas en soledad hospitalaria en las que las familias no han podido acompañar en el final a sus seres queridos. Pienso en las personas que han muerto en soledad y sin una mano tendida. Aún se me encoge el corazón al pensar en la deshumanización mostrada a tantas personas. Hemos demostrado insensibilidad ante nuestros mayores y el trato dado a los usuarios de las residencias gerontológicas ha sido muy mejorable. Carcelario diría yo, más bien. Me preocupan las cicatrices de culpa por omisión que han quedado fijadas en tantas familias privadas de libertad digna. Durante la pandemia ha prevalecido el miedo contagioso y destructivo para la bioética humanitaria.

Nos encontramos ante una gran oportunidad para dar importancia a una disciplina humana que va a impregnar los campos de la salud, educación y justicia social en todas sus dimensiones. La dimensión existencial también cuenta en momentos de crisis. Necesitamos referentes que nos ayuden a reconstruirnos en una época de mucho dolor, miedo e incertidumbre. La salud integral engloba además del cuerpo, la mente, y la dimensión social; el espíritu humano que nos guía desde la bioética a ser buenas personas en todas nuestras facetas.

Los derechos fundamentales de las personas van más allá de los protocolos de protección de datos. No se trata disimular y jugar a ser impostores bioéticos. Necesitamos devolver a nuestra profesión de ayuda la noción humanista de la salud en el sentido hipocrático-deontológico del compromiso jurado. Hagamos honor al adjetivo de ser humanos. Pensar en el otro sin olvidarnos de nuestra responsabilidad ayuda a ejercer una buena praxis como agentes de salud.

RELATO 28

Lo conocí ya entrado en los cuarenta y tantos, porque sufría de estrés y ansiedad. Mi primera impresión fue la de un hombre de familia con hijas, que tenía buena relación de pareja y un trabajo muy exigente, además de gran responsabilidad. Siendo joven había perdido a su hermano mayor y aún tenía otra hermana mayor que él que sufría una minusvalía psíquica. La desgracia de la pérdida irreversible de su hermano rompió el sistema familiar. La madre enfermó mentalmente y el padre se volvió ausente, refugiándose en el alcohol. La hermana hizo lo que pudo y la responsabilidad no ejercida quedó en manos del pequeño de la casa en plena adolescencia. Esto marcó su vida para fijar la responsabilidad a fuego de supervivencia. El ser brillante le había encaramado a puestos de responsabilidad laboral, y socialmente era una persona muy implicada. El problema le sobrevino cuando la situación de su casa natal era ya insostenible. No podía hacerse cargo del cuidado de ellos y educar de forma presente a sus hijas. Ya no sabía cómo negociar y aplazar compromisos con su pareja. Además, en el trabajo se dieron una serie de cambios que lo colocaron en una situación de mayor responsabilidad y exigencia. El estrés, la ansiedad y el insomnio fueron la antesala de una enfermedad autoinmune que se desarrolló a nivel digestivo. No podía más y tuvo que coger una baja laboral para detenerse e intentar rehabilitarse.

Se encontraba bajo el dilema del egoísmo responsable, es decir, mirar por sí mismo y aprender a decir que no. Es fácil decirlo, pero muy difícil hacerlo cuando la culpa sistémica y el conflicto de lealtades invisibles le unían a su familia desde que era un niño. No podía ayudar a todo el mundo y se sentía sobrepasado por la demanda de necesidades. Se encontraba en un conflicto de lealtades entre su familia de origen y la familia que estaba construyendo.

El sentimiento de culpa y la necesidad de encontrar permisos morales para seguir adelante con su vida le estaba costando la salud. Tenía que renunciar y no podía elegir.

En una de las sesiones me dijo que se sentía como una barquita del Titanic y que, unidos por una cuerda, tenía que remolcarlo hasta un lugar seguro. En la escena me narraba su agotamiento y esfuerzo máximo para intentar mantener orientando a semejante buque a punto de hundirse. Me pareció una escena con un enorme poder curativo y decidimos trabajar en varias sesiones posteriores. Tras un potente ejercicio simbólico en estado de fantasía dirigida, él pudo reconstruir el significado de la escena del Titanic. Relató que se encontraba él solo en una de las barcas para el salvamento del Titanic, y en lugar de mirar hacia adelante para remar con todas sus fuerza e intentar remolcar semejante peso, se giró para observar el barco y vio en el borde a toda su familia, hermano muerto incluido. Le saludaban con la mano, orgullosos de que el pequeño de la casa se salvara del hundimiento. Lo miraban con sonrisa y gratitud, pero sobre todo, con esperanza de que la familia seguiría viviendo en él para el futuro. Él se visualizaba soltando la cuerda que les sujetaba y despidiéndose con cariño, agradecimiento y permisos para seguir viviendo.

Fue una sesión muy emotiva, en la que su lloro profundo y el abrazo compartido significaban el encontrar antídotos bioéticos para honrar su vida sin deshonrar a sus seres queridos.

EN CONCLUSIÓN

Nuestra responsabilidad como agentes de salud es la de intervenir para ayudar al paciente. Es el criterio de beneficencia el que prevalece sobre el de maleficencia. Es decir, no hacer daño al paciente. No revictimizar a la víctima por una mala praxis.

No intervenir pensando que el tiempo ya lo curará y, por tanto, creer en un criterio de neutralidad es una intervención maleficiente. Es como no curarnos una herida importante y creer que con el tiempo cicatriza sola. Todos hemos aprendido lo importante que es lavar bien la herida y desinfectar la zona si es preciso. No dudamos en ir al médico para que valore la zona y obre en consecuencia. ¿Y qué hacemos con las heridas del alma?

He mencionado el trato muy mejorable que hemos dado a nuestras personas mayores en tiempos de pandemia. Los hemos tenido encerrados en sus habitaciones como si fueran cárceles. Se han acostumbrado a estar solos tanto tiempo que ahora solo quieren estar en la cama porque están deprimidos.

Necesitamos recobrar el espíritu humanista de la medicina integral. El poder curativo de ayudar a sanar en lo que se puede, acompañar en todo momento y mantener una mirada de respeto y empatía ante la persona que sufre frente a nosotros.

Epílogo

RELATO 29

M—. Resaltaría la figura del héroe y la decisión de afrontar los miedos en terapia.

PATXI—. Estamos acostumbrados a referentes heroicos poderosos y de éxito. He conocido a personas anónimas que de llevar una vida satisfactoria han pasado al infierno de la pérdida de un ser querido. Considero que se requiere mucha convicción para enfrentarse a semejante trauma y adaptarse ante tanto dolor.

Además, después de aceptar el dolor que genera la pérdida de un ser querido, y es algo que muchas personas lo consiguen, la capacidad de afrontar las crisis aumenta. Las personas tienen menos miedo o saben que pueden afrontarlo porque ya lo han hecho anteriormente. La experiencia de transformar el dolor y el miedo en aceptación y serenidad dotan a la persona de una seguridad especial. Son héroes que, gracias al apoyo y orientación encontrados en el camino terapéutico, se han demostrado que son capaces de volver a vivir con ilusión. Por ello, el paciente es el héroe de su propia tragedia.

M—. En algunos relatos se me han removido las emociones y pienso lo duro que tiene que ser vivir en primera persona semejantes situaciones.

PATXI—. Precisamente por eso hablo de lo virtuoso que es levantarse en la vida ante el golpe irreversible. Los testimonios de las personas a las que he acompañado en estos años me han ayudado a tener confianza en la capacidad rehabilitadora del ser humano. Somos más resilientes de lo que creemos. Las personas tenemos una capacidad de adaptación extraordinaria.

¿Y qué destacarías del libro?

ANE—. Me llama la atención que muchos pacientes de los que relatas han tenido experiencia en terapia de grupo. ¿Consideras importante los grupos en los procesos de duelo?

PATXI—. No todos los pacientes que atiendo por duelo hacen terapia grupal. Tengo en cuenta varias características para iniciar un grupo de terapia. Pueden ser grupos homogéneos en los que todos los integrantes están en duelo. Valoro el momento en el que se encuentra la persona, la combinación de diferentes pérdidas y la personalidad de los componentes del grupo.

Son grupos cerrados en los que no se incorporan nuevas personas. Esto da intimidad y sentimiento de pertenencia al grupo. También marco una fecha final. El adiós nos ayuda a elaborar la despedida y la dependencia terapéutica.

En ocasiones integro a los pacientes en grupos heterogéneos, en los cuales existen otras realidades diferentes al duelo. Lo hago así considerando que ayudan más al paciente en el proceso de adaptación a la vida cotidiana.

La terapia grupal es un buen contexto para crecer juntos tras la pérdida irreversible.

ANE—. Leyendo todos los relatos veo que conoces muchas historias impactantes y me pregunto cómo gestionas el poso que dichas tragedias dejan en tu persona.

PATXI—. Ahora me doy más cuenta de la importancia de cuidarme emocionalmente. Hace tiempo que me curé de la omnipotencia y procuro hacer mi labor lo mejor que sé, pero a veces, la evolución de los pacientes no es adecuada y es importante aceptarlo. Sabes también que la vida con vosotras, los amigos o mi disfrute con la bici me ayudan mucho. La constante formación y el supervisarme con otros colegas es fundamental. En el fondo, pienso que soy una persona muy curiosa sobre el mundo interno del ser humano y es eso precisamente lo que va coloreando en mí un filtro protector ante el desgaste profesional. La motivación de ayudar y ser útil para el otro impulsan mi trabajo.

AMAIA—. Me parece que en varios relatos la relación que estableces con los pacientes es muy cercana. ¿Es eso adecuado como profesional?

PATXI—. La persona que viene a terapia establece un vínculo muy íntimo con el terapeuta. A lo largo de los años he aprendido a vincularme con los pacientes de forma humana y no solo desde lo profesional. Cuando ellos perciben que me importa lo que me cuentan y me implico más allá del protocolo, sus procesos terapéuticos avanzan considerablemente. En muchos procesos de duelo me he mostrado primero como ser humano para escuchar sus relatos y he analizado después, internamente con mi mapa aprendido, en qué estación del recorrido del duelo se pueden encontrar.

Mi propósito es no dañar antes que curar. En terapia los pacientes se entregan incondicionalmente a su mundo interior, y lo hacen cuando perciben que no les juzgo. Se sienten entendidos y apoyados. ¿Cómo es posible que no guardemos un grato recuerdo mutuo?

De hecho, cuando les he pedido permiso para mencionarles en los relatos, muchos han agradecido que después de tantos años me acuerde de ellos.

AMAIA—. Mencionas los cuidados paliativos al final de la vida y le das mucha importancia al acompañamiento empático. ¿Y qué ocurre cuando una enfermedad mental es incurable?

PATXI—. ¡Ay, Amaia! Los cuidados paliativos se ofrecen cuando la enfermedad no se puede curar y el pronóstico es la muerte. Si te refieres a la enfermedad mental grave y crónica con tentativas múltiples de suicidio, acompañarles sin enjuiciar y sabiendo que puede darse la muerte es no abandonar al que sufre. A veces, los ingresos repetidos y el deterioro que genera dicha enfermedad desgasta mucho al paciente y a su entorno.

Aunque exista alta probabilidad de que la persona enferma muera por suicidio, merece toda nuestra atención y apoyo para que mantenga la esperanza en la vida. Al igual que el apoyo psicológico en los cuidados paliativos físicos no buscan adelantar la muerte, sino garantizar el máximo confort posible, en la atención psicológica se trata de garantizar la misma ayuda dignificando también el sufrimiento psicológico.

Los que nos dedicamos a la salud mental tenemos que curarnos de la necesidad de curar. En ocasiones la psicoeducación es la terapia fundamental para que el paciente conozca su enfermedad y pueda convivir con ella de la mejor manera posible. Convivir con una enfermedad mental grave es una tarea difícil, pero posible si la entendemos y aceptamos. Cuando entendemos lo que nos pasa, aunque siga siendo frustrante, integramos mejor la responsabilidad de aceptarnos en nuestra realidad. Yo tengo la ventaja de que son los pacientes los que eligen venir libremente a consulta. Por tanto, si alguien viene significa que busca el acompañamiento.

Gracias por vuestra ayuda, chicas.

Llegado el final del libro, he querido introducir el relato familiar y también verídico, al igual que cada uno de los veintiocho anteriores. Cuando necesito enviar un *curriculum vitae* para presentar mis méritos profesionales tengo clarísimo el orden y prioridad de mis logros. No son los títulos académicos, ni la experiencia clínica. No son las publicaciones, ni la docencia universitaria. Tampoco lo son mi labor divulgativa sobre la psicología o las intervenciones en crisis. Ni siquiera la formación o la supervisión clínica de la cual tanto disfruto últimamente. Destaco el haber formado una familia junto con mi compañera de viaje por la vida. Es lo que mayor alegría me produce, sin lugar a dudas. Mis tres chicas son mi guardia pretoriana del amor, y en todos estos años hemos practicado el todas para uno y el uno para todas.

Una vez leí que el hombre de Neandertal era valorado porque al llegar a su cueva dejaba el mejor trozo de la caza para su familia. No por ello se sentía menos. Todo lo contrario, era alguien valorado por la comunidad como hombre virtuoso, padre generoso e hijo agradecido.

El honor tiene mucho más que ver con el dar que con el recibir. Les he ofrecido a ellas, en primer lugar, la lectura del libro, y sobre sus preguntas y comentarios se centra el relato anterior. No podía ser de otra forma. Junto a ellas he resumido el contenido del libro con un diálogo a cuatro bandas.

También quiero hacer mención especial a los pacientes que me han permitido apoyarme en sus historias para relatar el libro. Sin ellos, no hubiese podido entender los itinerarios del proceso de duelo tal y como he referido en el libro. Las historias de los pacientes que he conocido son las que han forjado mi formación clínica. Las dificultades que encuentro en los casos complicados son mi inspiración para seguir investigando en un tema que me apasiona.

Ser conscientes de nuestra propia mortalidad es una asignatura pendiente como sociedad. Saber que nos vamos a morir y asumir las consecuencias de ello nos ayudará a vivir con mayor consciencia. La angustia y el miedo que nos genera la muerte es una prueba objetiva de la importancia de abordar el tema con seriedad. Cuando logremos destapar el tabú de la muerte, seremos capaces de aceptar con humildad el ocaso de la perfección ideal.

No es obligatorio que nos diagnostiquen una enfermedad terminal para que nos demos cuenta de lo importante que es la vida. El concepto de felicidad unido a una vida satisfactoria nos podría ayudar a encarar la muerte con agradecimiento por lo felizmente vivido. Hablar de la felicidad al final de la vida es como un buen postre que nos deja un buen sabor de boca tras una buena comida.

Deseo que el libro os guste y sobre todo que os sirva de ayuda. Hablar de la muerte nos puede acercar a la vida. Aquello que realizamos aquí en la vida queda impreso para la eternidad. Ojalá seamos capaces de ofrecer ayuda psicológica a las personas que sufren por la pérdida de un ser querido y no tengan que mendigar para ser atendidos dignamente.

Bibliografía

Aucouturier, B. (2004). *Los fantasmas de acción y la práctica psicomotriz*. Graó.

Bowlby, J. (1983). *La pérdida del vínculo afectivo*. Paidós Ibérica.

De la Herrán, A. y Cortina, M. (2006). *La muerte y su didáctica*. Universitas.

D'ors, P. (2019). *Biografía del silencio*. Siruela.

Frankl, V. (2015). *El hombre en busca de sentido*. Herder.

Gómez, M. (2016). *Cómo dar malas noticias*. Plataforma.

Hernández, M. (2017). *Apego y psicopatología: la ansiedad y su origen. Conceptualización y tratamiento de las patologías relacionadas con la ansiedad desde una perspectiva integradora*. Desclée de Brouwer.

King, U. (2006). *Escritos esenciales de Pierre Teilhard de Chardin*. Editorial Sal Terrae.

Kroen, W. C. (2011). *Cómo ayudar a los niños a afrontar la pérdida de un ser querido: un manual para adultos*. Oniro.

Lewis, C. S. (2012). *Una pena en observación*. Anagrama.

Neymeyer, R. (2019). *Aprender de la pérdida: una guía para afrontar el duelo*. Planeta.

Ogden, P., Minton, K. y Pain, C. (2009). *El trauma y el cuerpo: un modelo sensoriomotriz de psicoterapia*. Desclée de Brouwer.

Payas, A. (2010). *Las tareas del duelo: psicoterapia de duelo desde un modelo integrativo relacional*. Desclée de Brouwer.

Piaget, J. (1999). *La psicología de la inteligencia*. Crítica.

Rogers, C. (2001). *El proceso de convertirse en persona*. Paidós Ibérica.

Séneca, L. A. (2008). *Escritorios consolatorios*. Alianza Editorial.

Wallin, D. J. (2012). *El apego en psicoterapia*. Desclée de Brouwer.
Watzlawick, P. (1993). *Teoría de la comunicación humana*. Herder.
Wilber, K. (2014). *Gracia y coraje*. Gaia.
Worden. W. (2013). *El tratamiento del duelo*. Paidós Ibérica.
Yalom, I. (2018). *El don de la terapia: carta abierta a una nueva generación de terapeutas y a sus pacientes*. Destino.

Este libro, por encomienda de la editorial Almuzara, se terminó de imprimir el 15 de noviembre de 2021. Tal día, de 1971, empezó a funcionar el «teléfono de la esperanza» para atender a personas con problemas.